주식시장의 심리학 (수정판)

성공하는 투자자의 심리에 대한 고찰

일러두기

이 책에 실린 주석은 모두 옮긴이 주이다.

| 수 정 판 |

| 성공하는 투자자의 심리에 대한 고찰 |

주식시장의 심리학

조지 C. 셀든 George C. Selden 지음 | 백승대 옮김

차 례

옮긴이의 말

/

자본주의 시대를 살아가면서 '돈 문제'를 떠나서는 살기 힘들다. 점점 더 지식 집약적인 경제구조로 변해가는 한국사회에서 재테크에 대한 관심이 날로 커지고 경제·경영 등의 실용서가 잘 팔리는 세태는 '돈 버는 방법'에 대한 세인들의 관심을 반영한다.

역자도 한 명의 독자로서 다양한 책을 읽어보면서 돈(자본)에 대해 생각해 보고 돈의 본질을 파악하기 위해 노력했었다. 하지만 돈의 본질을 간파하거나 돈을 운용(투자)하는 것이 말처럼 쉬운 일이 아니라는 사실은 투자를 해본 사람이라면 잘 알고 있을 것이다. 설사 돈과 투자의 본질을 이해하고 있다 하더라도 이를 실천하는 것은 매우 어려운 일이다.

많고 많은 외서 중에서 『주식시장의 심리학』을 채택해서 번역한 이유는 '투자의 본질'을 파악할 수 있는 책이라는 확신을 가졌기 때문이다. 이 책은 백여 년 전에 집필되었음에도 역자가 접했던 경제·경영서 중에서 투자의 본질을 가장 잘 짚어낸

책이라고 생각한다.

지극히 간단히 생각해 보자. 상장기업(종목)의 실적은 하루나 이틀 만에 급변하지 않는다. 그러나 상장기업의 시세는 시시각각 변동하며, 때때로 급등락을 반복한다.

기업의 자산가치나 수익가치, 또는 실적이 시시각각 변동하는가? 주식시장의 변덕만큼 기업의 가치가 고무줄처럼 늘었다가 줄어드는가?

그렇지 않다면, 시세가 이토록 변덕스러운 원인은 대체 무엇이란 말인가?

해답은 이 책의 제목이 암시하고 있다. 투자를 잘하려면 논리적이고 수학적이어야 한다고 설파하는 사람들이 많다. 투자에 문외한인 사람이라면 그런 말들이 그럴싸하게 들릴 수도 있다. 그러나 투자는 계산기나 첨단 금융기법으로 하는 것이 아니다. 물론 심리적 동요에 의한 판단 실수를 막기 위해서 수학적 객관성을 이용하는 것은 보완책이 될 수 있을 것이다. 그러나 이러한 부분적 보완방안이 투자과정의 핵심 과제가 될 수는 없다.

투자는 판단의 연속이며 심리게임이라 해도 과언이 아니다. 컴퓨터가 인간의 감정을 이해하고 간파해서 투자결정을 할 수 있겠는가?

판단은 누가 해야 하는가?

전문가가 하는가?

전문가가 투자 실패의 책임을 진다면 가능할지 모르겠으나 전문가는 조언자일 뿐, 최종 판단과 그로 인한 과실은 투자자 본인이 짊어져야 하는 것이다.

『주식시장의 심리학』은 주식투자에 한정된 투자지침서가 아니다. 말하자면 인간의 투기적 심리가 작동하는 모든 영역에 적용할 수 있는 책이다.

요컨대, 이 책은 돈과 인간관계에서 작동하는 다양한 심리적 상황이 어떠한 투자 결과를 낳을 수 있는지에 대해서 예리하게 분석하고 있으며, 투자의 가장 핵심적인 주제이자 포인트는 인간의 심리라는 것을 보여주고 있다.

책이 출간되기까지 여러 가지 우여곡절이 있었음에도 불구하고 출간을 결정해 준 한울엠플러스에 감사드리며, 이 책이 독자들에게 신선한 시각을 제공할 수 있길 기대해 본다.

제1장

투기의 순환

주 식투자를 해본 경험이 있는 전문적인 거래자*들 대부분은 활발하게 거래되는 주식이 주당 1달러 또는 5달러 정도 변동하는 것은 무엇보다 심리적인 이유라는 것을 쾌히 인정할 것이다. 가격의 사소한 변동은 주식시장에 관심을 갖고 있는 대중의 변화무쌍한 태도, 좀 더 정확히 말해서 대중의 심리상태에서 비롯된다.

미미한 가격 변동은 시장의 '펀더멘털 상태',** 즉 배당금의 실질적인 변화와 과거에 기업이 발표했었던 이익의 변화에 근거할 수도 있지만, 그렇지 않을 수도 있다. 시장의 장기변동주기는 몇 달 또는 몇 년에 걸쳐 나타난다. 이 변동추이는 항상 전

---

* 저자는 매매를 자주 하는 투자자를 거래자(trader)라고 칭하고 있다. 이 책에서 투자자(investor)와는 다른 개념으로 쓰이는 경우가 대부분이다. 전문적인 거래자란 펀드매니저, 증권회사 투자상담 직원, 전문적인 개인 전업투자자를 포함하는 것으로 이해하면 된다.

** 경제·금융시장 및 기업의 기초적인 제반사항을 뜻한다. 특히 기업의 측면에서는 추정 내재가치의 적정한 수준을, 경제·금융시장에서는 거시경제적인 측면을 말한다.

체적인 금융 펀더멘털의 상황에 따라 달라진다. 때때로 기조적인 움직임보다는 소폭의 가격 변동이 대중의 심리상태를 변화시키는데, 이것은 기본적인 변화요인(전체적인 펀더멘털)과 일치할 수도 있고 그렇지 않을 수도 있다.

주식시장에서 날마다 일어나고 있는 문제를 심리학적 차원에서 명백히 이해하기 위해서는 전문적인 거래자들 간의 대화를 재연해 볼 필요가 있다. 다음은 월스트리트 인근의 카페에서 흔히 들을 수 있는 대화 내용이다.

"그래서, 어떤 주식을 알아봤어?"

한 거래자(A)가 다른 거래자(B)에게 묻는다.

A : "철강 주식만 환매수* 했어."

B : "철강회사가 한둘이 아니잖아. 모두가 공매도** 한 것 같던데."

---

* 공매도(주식을 보유하지 않은 상태에서 주식을 빌려서 매도하는 것을 의미한다. 따라서 언젠가는 주식을 다시 매수해야 포지션이 청산된다) 주식을 다시 매수해서 대여자(증권회사를 비롯한 해당 주식 보유기관)에게 입고하는 것을 말한다.

** 해당 종목의 하락을 예상하고 하락 시 이익을 얻기 위해 투자하는 방법으로, 해당 종목이 하락하면 하락폭만큼 이익을, 상승하면 상승폭만큼 손실을 보는 제도.

A : "내가 만나본 사람은 누구나 너처럼 생각해. 누군가 공매
도를 하기 때문에 누군가 주식을 환매수하는 거야. 아직
도 시장은 상승기가 아니야. 예탁된 공매도 주식이 많다
고 생각되진 않아. 내 생각대로라면 하락 국면이 다시 전
개될 게 분명해."

B : "맞아, 모두 그렇다고 말해. 사람들이 그렇게 생각하기
때문에 다시 공매도를 시작했어. 왜냐하면 다른 사람들
이 주식을 환매수할 것으로 생각하기 때문이야. 이전처
럼 바로 지금이 공매도를 할 적기라고 생각해."

위의 대화와 같은 일련의 심리전환 현상은 무한히 지속될 것
임이 명백하다. 이처럼 우유부단한 정신을 가진 곡예사들은 끝
없는 공중제비를 계속한다. 이들은 마지막으로 멈추어야 할 지
점을 설정하지 않고, 위의 대화에서 볼 수 있듯이 '논리적 비약'
을 통해서 다음 행동단계로 넘어가고 만다.

이 두 거래자가 나누는 대화의 요점은 매수 관점에서 시장을
보는 사람과 매도 관점에서 시장을 보는 사람이 근본적으로 다
르다는 것을 암시한다. 이 대화에서 두 사람의 전체적인 탐구
대상은 주식시장 참여자들의 정신적 태도이다.

대다수의 변덕스러운 부류가 잦은 매매를 벌이는 와중에서

매수세가 대세를 이룬다면, 그들 중 많은 투기거래자는 시장에서 약간의 약세 신호가 보이는 즉시 주식을 팔기 위해 서두를 것이며, 그 결과 주식시세는 하락할 것이다. 매도세의 사람이 대다수라면, 투기거래자들은 시장에서 약간의 강세 신호만 포착되더라도 주식을 살 것이고 그 결과 예상대로 주식시세가 상승할 수도 있을 것이다.

여기서 투기의 심리적인 양상은 두 가지 논점에서 고려되어야 하는데 두 가지 논점 모두 중요하다. 첫 번째 논점은 "주식시세의 향방을 결정하는 대중의 정신자세를 변화시키는 것은 무엇인가? 즉, 대중의 심리상태가 어떤 식으로 시장에 영향을 미치는가?" 하는 문제와 결부된다.

두 번째 논점은 "개인 투자자의 정신자세가 그들의 성공 가능성에 어떤 영향을 미칠 수 있는가? 그리고 개인 투자자들의 기대나 두려움, 완고함이나 소심함은 자신들의 진로 앞에 놓인 장애물을 어떻게 극복할 수 있는가?" 하는 문제와 결부된다.

두 가지 논점은 매우 밀접하고 혼재되어 있어서 따로 분리해서 생각하기는 어렵다. 전체적인 관점에서 볼 때, 무엇보다 투기적 심리를 주제로 채택하는 것이 필연적인 수순이며, 이는 차후에 개인 투자자의 자산과 주식시장에 대한 심리적 영향과 관련하여 거론할 것이다.

주식시장의 심리학

논점을 쉽게 설명하기 위해서는 일단 전형적인 투기 순환의 자취를 살펴볼 필요가 있다. 투기의 순환은 매년 무수히 변화하면서 진행되는 만큼 세계의 모든 투기적 시장과 증권거래소에서 확고한 유사성을 동반하면서 진행되지는 않는다. 아마도 인간이 이익을 추구하고 손실을 두려워하며, 매수자와 매도자의 경쟁에 의해 가격이 결정되는 한 이러한 순환은 계속될 것이다.

주식시장에 대해 무지한 채 관심만으로 투자를 하는 경우, 처음에는 아주 약간의 가격 상승과 적은 이익을 얻게 될 것이다. 가격이 상승하는 특별한 이유는 없어 보이고, 가격 상승은 대체로 소규모 전문 투자자들의 매매공방 때문에 나타나는 일시적인 현상으로 간주된다. 이러한 경우 물론 단기적인 이익이 동반될 수 있지만, 인기 있는 주식도 손실 가능성으로부터 자유로울 수는 없다.

대중은 어느 정도 투기적 성격을 가지고 있기 마련이어서 약간의 상승에 만족하고 기꺼이 주식을 파는 사람도 있을 것이다. 그러므로 이 경우 가격 상승에 상응하는 주식거래량은 동반되지 않는다. 소규모 전문 투자자가 사소한 가격 변동에도 공매도를 하는 것은 그것이 그 순간 최선의 투자라고 여기기 때문이다. 가격이 확정적 수익을 보장할 수 있다고 판단하기 때문에 그 기회를 이용하는 것이다.

여기에 발맞추어 또 다른 소박한 투자자들은 전문 투자자들의 공매도가 이익을 낼 것으로 판단하여 공매도에 동참한다. 몇몇 영리한 투자자는 주식을 매입하지만 대중은 여전히 주가 하락을 예상하면서 공매도 이익의 최면에 걸려 헤어나지 못한다(본질적으로 공매도 투자는 매우 높은 수익을 보인다). 심지어 이 최면에서 깨기를 거부하기도 한다.

그런데 공매도로 얻는 평가 이익은 점진적으로 늘어나면서 종국에는 다소 급격해지는 경향이 있다. 조금 더 겁이 많은 몇몇 공매도 투자자는 아마도 이익을 실현하거나 향후에 있을 수 있는 손실 가능성을 없애려고 할 것이다. 그러다가 시장이 강세로 전환되었다는 사실이 지식인 계층과 강세론자[*]에게 스며들기 시작한다. 이때 대중은 상승을 면밀히 주시하면서 가파른 상승이 가능하다고 생각하거나 실질적으로 주식을 살 수 있는 좋은 기회라고 생각할 수 있을까?

그러나 참으로 이상하게도 이런 반응은 가장 사소한 특성을 제외하면 거의 나타나지 않는다. 매수자들이 매수시기를 기다리는 이유는 주식을 보유한다는 행위 자체를 만족스럽게 여기

---

[*] 불(bull)마켓(강세장 또는 오름세장)을 예상하고 시장에 참여하거나 논평하는 자.

지 않기 때문이다. 이때 주가는 매우 빠르게 상승하기 시작한다. 그리고 이따금 상승이 멈추기도 한다. 그러나 진정한 가격 반전이 나타나기 시작하는 시점은 '가격이 너무 약세여서 살 수 없는 것처럼 보일 때'이다. 이럴 때 주가는 '자칭 매수자'들을 마치 닭 쫓던 개와 같은 처지로 만든 채 급격히 도약한다.

더욱 완고한 약세론자*들은 그제야 불안감에 휩싸여 대량으로 주식을 사들이기 시작한다. 약세장 투자자들이 보기에, 이제 시장은 어떠한 순간에도 한계점을 돌파할 것처럼 '들끓는 듯'이 보인다. 그러나 이미 약세장이 될 것이라고 확신한 기업의 신경망은 매물을 지속적으로 시장에 쏟아낸다. 매도에 성공한 기업은 더 이상 손실이 없다는 안도의 한숨을 쉼과 동시에 시장에서 행했던 모든 것을 은폐한다.

이 무렵 대중은 "시장이 너무 강해서 반응할 수밖에 없다"는 결론에 도달하고, 시급히 해야 할 단 한 가지 일은 주식을 사는 것이라고 판단하게 된다. 이러한 심리상태에서 비롯된 또 다른 매수 열기는 순식간에 주가를 새로운 지평으로 끌어올리고, 주식 매입자들은 자신들이 발 빠르고 능란하게 이익을 낸 것을 자

---

* 베어(bear)마켓(약세장 또는 내림세장)을 예상하고 시장에 참여하거나 논평하는 자.

축한다.

　매수자가 있다면 매도자가 있게 마련이다. 정확히 말하자면, 누군가 100주를 매수했다면 누군가 100주를 매도했다는 얘기이다. 실제로 수많은 사람들이 이 과열 국면에서 주식을 매입했다는 것은 다른 사람들이 주식을 팔았다는 것보다 훌륭해 보일지도 모른다. 주가 상승 초기에는 주식의 공급 물량이 적으며 약세장에 관한 소문이 무성하다. 하지만 가격이 오르면서 소액주주들은 점차로 자신들의 수익에 만족하고 기꺼이 주식을 팔고자 한다. 이때 약세론자들 역시 공매도로 맞서면서 급속한 가격 상승에 대응한다. 그리고 완강한 약세론자마저도 매번 이어지는 적은 손실을 피하기 위해서 반복해서 주식을 매입하지 않을 수 없게 된다. 다시 말해, 향후 전개될 약세장의 안정적인 수익과 절정 국면을 맛보기 전에 주식을 매입할 수밖에 없게 되는 것이다.

　대체로 상승 초기 국면에 매도하는 사람은 최대 주주들은 아니다. 최대 주주들은 대개 철저한 판단력의 소유자이거나 정보력이 충분해서 많은 돈을 벌어들일 수 있는 사람이다. 상승 초기 국면에서는 안정성에 중점을 두라는 전문가의 의견과 최고의 충고조차도 이들의 마음을 움직이진 못한다. 최대 주주들은 훨씬 많은 이익을 얻을 수 있는 안전한 방법이 단순히 주식을 보유하는 것임을 알고 있다.

주가가 절정에 도달할지 말지 여부는 시장의 기본적인 펀더 멘털에 달려 있다. 위축된 은행자금과 침체된 교역이 경기 상 승 가능성을 제한하는 반면에 금리가 낮고 일반적인 상거래가 번창한다면 강세장은 길어질 것이다. 또한 시황이 약세라면 대 규모 공매도 세력이 실제로 상승을 막아낼 수도 있을 것이다. 하지만 강세장이 지속되려면 주식 공급이 억제되어야 하는데, 이런 현상은 주가가 과도하게 높아질 것이라는 믿음이 시장에 만연되어야만 나타날 수 있다.

이런 의미에서 시장은 항상 투자자와 투기자의 경연장이다. 진정한 투자자는 배당 수익을 우선 고려하는 것처럼 보인다. 그렇다고 해서 결코 저가에 매수해서 적은 수익만을 남기고 매 도하는 것을 꺼려하지 않는다. 그는 아마도 6% 싸게 사서 4% 의 수익만 남기고 팔 준비가 되어 있을 것이다. 투기자들은 배 당 수익을 전혀 고려하지 않는다. 그들은 가격이 오르기 전에 매수해서 내리기 전에 팔기를 원할 뿐이다. 투기자들은 주가가 훨씬 더 오를 수 있다고 예상할 경우 이미 그 어느 때보다 큰 폭 으로 주가가 상승했더라도 물불을 가리지 않고 즉시 주식을 매 입할 것이다.

투자자는 시장이 상승할 경우 자신의 목표치에 도달한 주식

을 매도한다. 반면에 투기자에 의해 빈번히 매매된 주식은 시
장을 동요시키고 매매가 거듭되면서 거래량이 대량 동반되는
데, 이러한 순환은 눈덩이처럼 불어난다. 일반적으로 주가의
평균적인 변동범위는 5~20달러 정도인데, 투기자의 거래대금
에 비하면 투자자의 매매금액은 규모가 작기 마련이다. 예를
들어보자. 투자자가 한 번 매매를 할 때 150달러짜리 주식을
100주 팔면 거래대금은 1만 5000달러이다. 그러나 투기자의
거래대금은 그 10배에 이르는 경우가 빈번하다.

　그런데도 투자자의 거래가 더 효율적인 이유는, 시장에 충격
을 줄 만큼 매도규모가 크기 때문이 아니라, 투자자의 주식이
혹독한 주가하락을 견뎌낼 수 있을 정도의 내구성을 지니고 있
기 때문이다. 이에 비해 투기자는 자신 또는 타인이 판 주식을
내일 다시 사들이는 변덕스러움을 보일 것이다.

　모든 사람이 주식을 사야 할 것처럼 보이는 시기가 도래하면
주가는 현란한 국면으로 접어든다. 어떤 주식이 급격히 상승하
면서 마지막까지 살아남아 있던 공매도 세력에게 공포심을 불
어넣는 것이다. 다른 종목들도 거의 동시에 상승한다. 마치 유
년 시절 산수책에서 개구리가 튀어나왔다는 얘기를 한 거짓말
쟁이처럼 누구에게도 주목받지 못한 공매도 실패자는 시장에
서 조심스럽게 뒤로 물러서야 한다. 그럼에도 불구하고 또 다

른 공매도 세력은 모래벌판에 빠진 증기선처럼 맹렬히 시세에 저항한다.

그때 시장의 위험성을 알리려는 듯 주가가 갑작스럽게 하락한다. 이것은 '건강한 신호'로 받아들여진다. 공매도만 아니라면 시장이 건강하다는 것에는 의심의 여지가 없다. 주가가 다시 회복되는 즐거운 사태를 경멸하는 약세론자를 제외하면 모두가 행복한 것이다.

그렇지만 기묘하게도 시장참여자에게 주식 공급량이 충분한 것처럼 보이는데, 이러한 사실에 신경 쓸 여유가 있는 일부 변덕꾼은 주가 상승이 현재 매우 느리게 진행되고 있다는 사실을 알아차린다. 많은 주식을 보유한 투기거래자들은 시장이 자신들의 물량을 충분히 흡수할 수 있다고 생각해서 정신없이 매매에 열중한다. 그리하여 주식은 소유자가 계속 바뀐 채 돌아다니게 되지만, 시장참여자들이 주목하는 대상인 대자본가들의 주식은 결코 바닥날 수가 없다. 그들은 단지 주가가 낮을 때 더 많은 주식을 보유하며, 주가가 높을 때는 주식을 사는 일이 거의 없다. 더구나 약세장에서는 신주도 대량으로 발행되지 않고 주식 공급물량이 소진될 위험도 없다.

일반 대중이 주식시장에서 이익을 얻는 시점은 거대한 유동자금이 쇄도해 들어옴으로써 매물이 3~4일 또는 1주일 내에 시장에서 흡수될 때이다. 그러나 투기세력의 입지가 좁아지면 주가는 수주일 또는 몇 달 동안 고점 권역에서 머물게 된다. 그동안 인기주는 가격 상승이 지속되고 수많은 주식이 높은 회전율을 보이는데, 그 과정이 극에 달하는 순간 시장의 균형은 깨진다. 왜냐하면 주가란 상승을 거듭하다가도 필연적으로 하락할 수밖에 없기 때문이다. 한편 위대한 투기의 선도자들도 결코 완벽할 수만은 없다. 그들은 종종 너무 자주 매도하는 바람에 예기치 못한 주가 상승을 목격하고 당황하기도 하고, 또는 너무 오래 주식을 보유하는 바람에 시장에서 발을 빼기도 전에 엄청난 손실을 입곤 한다.

침체장에서 매수 선도 세력은 약세론자들로부터 매우 불쾌한 도움을 받기도 한다. 조심스러운 강세론자들이 (침체장에서의 손실을 줄이기 위해) 자신들의 공매도를 숨기려 할지라도 그 계획은 주의 깊은 전문가들과 영리한 연구자에 의해 간파될 것이며, 공매도에 관한 소문이 시장에 퍼지면서 공매도한 주식은 상당한 상승을 기록하게 될 것이다(이 경우 강세론자가 공매도한 종목은 상당한 손실을 입는다). 일반적으로 인정받는 상식과는 반대로, 이처럼 관심이 집중되는 주식에 장기 투자하는 것은 유사한 종목들 중에서 관심이 적은 기업에 투자하는 것보다 주가 측면에서 유리한 근거가 될 수 있다.

일단 주식시장에 가해지는 공급과잉 자본의 하중이 시장을 짓누르면, 그로 인한 하락은 이전의 상승폭보다 훨씬 가파르게 진행되는 것이 일반적이다. 유통되는 주식물량이 크게 증가했으므로 어떤 투기자는 다른 투기자에게 주식을 던진다. 이 상황이 반복되면서 주가는 연속적으로 하락한다. 종종 주식이 고집 센 사람의 수중에 잠시 머무는 경우도 있어서 공매도자들로 하여금 공포를 느끼도록 하는데, 이것은 공매도자들의 방어를 초래하기도 한다. 이따금 급상승 국면이 전개되기도 하지만, 여전히 시장에서 주식의 공급량이 많다면 주가는 필연적으로 하락세를 면치 못한다.

투자자와 대규모 투기 자본이 주식시장에 복귀하기 전까지 주식은 평범한 투기적 매수자들이 보유하고 있으므로 주식 공급량은 거의 끊임없이 증가한다. 월스트리트에서 주권(株券) 공급은 감소하지 않고 공매도는 점증한다고 가정하면, 강세론자는 당연히 실물증권(보유 주식)을 매도해야 할 뿐만 아니라 공매도도 해야 한다. 왜냐하면 모든 매도 세력은 그 시점에서 매수 세력이 될 것이 틀림없으며, 매수 측이건 매도 측이건 간에 거래는 이루어지게 마련이기 때문이다. 공매도가 반복적으로 실행되면 시장의 급락에 영향을 미치지만, 대개의 경우 사람들은 가격 등락에 관계없이 자신이 예상하는 방향에 따라 투자한다. 참고로, 통상적인 공매도 이익은 주가 하락기에 광범위하게 분포한다. 공황 사태를 피하기 위해 이런 형국은 자주 공매도를 하는 완전한 바닥 국면일 때보다는 하락이 진행 중일 때 더욱 심해진다.

이전의 상승장과 마찬가지로 이러한 하락장을 좌우하는 조건은 펀더멘털이다. 투자자와 투기자본은 향후 경기가 좋지 않을 것이라고 미래를 전망하면서, 금융시장에 유동성이 말라 있을 때보다는 모든 상황이 우호적일 때 시장에 들어올 것이다. 대체로 이런 부류의 매수자들은 '특가 판매'처럼 보여야 매수를 하는 것으로 보인다. '특가 판매' 현상은 과잉 공급된 주식이 시장을 강타하면서 손절매* 주문이 몰리는 시기에 나타난다. 이 와중에 증권거래소의 중개인들은 공매도를 실행할 기회를 잡게 되고,** 이것은 일반적으로 주식시장 붕괴를 초래한다.

이런 상황에서는 수많은 주식이 가격이 싸졌기 때문에 크고

---

* 향후 주가가 더욱 하락할 것으로 예상해서 손실을 감수하면서까지 보유 주식을 매입단가 이하로 파는 행위.
** 당시에는 지금과 같은 홈트레이딩 시스템이 없었기 때문에 반드시 중개인을 거쳐 주문을 내야 했다. 그 당시에는 매수·매도 전표를 수기로 작성해서 주식 중개인에게 전달하면 그 중개인은 자신이 소속된 증권회사 명의(거래원 또는 거래창구로 불리었다)로 증권거래소에 주문을 내는 구조였다. 저자는 시장참여자들의 움직임을 가장 빨리 간파할 수 있는 주체를 증권거래소 중개인으로 표현한 것이다.

주식시장의 심리학

작은 영리한 투기꾼들(물론 대부분 큰 규모이지만)이 주식을 손에 넣는 일을 순조롭게 진행한다. 많은 투자자들이 결연히 사수하려던 지지선이 무너지고 급락 장에 도달하면 그들은 보유한 주식을 모두 헐값에 팔아치우게 된다. 그리고 다음 상승전환기에 영리한 투기꾼들이 헐값에 사들였던 그 주식을 월스트리트에서 파는 것을 볼 수 있을 것이다.

하락장에서 반드시 매도 세력만 활동하는 것은 아니다. '특가 판매' 시장에서 너무 오래 머문 공매도 세력은 큰 이익을 남기지만, 뒤이어 빠른 상승이 나타날 수도 있기 때문이다. 하지만 주가 상승으로 인해 공매도자들이 급박한 구조의 손길을 기다릴 때면 가격 상승이 느려지고, 투기 순환주기에 대한 심사숙고가 지지를 받으면서 시장은 다시 혼수상태에 빠진다.

지금까지 기술한 시세의 움직임은 그 주기가 일주일이건, 한 달이건, 일 년이건 상관없이 본질적으로 동일하다. 장기 순환주기는 많은 중기적인 순환 움직임을 포함하고, 이러한 중기적인 움직임들은 각각 단기 주가의 주기적인 변동을 내포하고 있다. 투자자들은 진폭이 약한 단기적인 주가 순환에는 참여하지 않는다. 그러나 3포인트* 등락에 열중하는 세력은 실제로 30

---

* 매매 호가의 단위를 의미한다.

포인트 진폭 주기에서 나타나는 행동 방식을 3포인트 진폭에서 보여준다. 진폭의 차이가 열 배에 달하는데도 말이다.

이러한 사실을 숙지했다면 독자들은 지금까지 서술한 내용이 본질적으로 인간의 탐욕과 공포에 관한 이야기라는 것을 즉시 인지할 수 있을 것이다. 사람들은 주식시장의 제반 상황을 신중하게 고려함으로써 시장에 대응하기보다는 시장에서 자신들이 취하는 포지션*과 이해관계에 따라 정신자세를 수시로 바꾼다. 대중이 시세를 전혀 예측조차 하지 못한다고 말할 수는 없겠지만, 현재 이해하고 있는 바를 무지의 상태로 전이시키는 이유는 무모한 상상력을 지니고 있고 객관적인 시장을 주관적으로 파악하기 때문이다.

주식시장 펀더멘털이 주가에 미치는 영향력에 대한 논의는 당분간 미루기로 하자. 우리에게 필요한 작업은 투기 심리를 좌우하는 원인과 결과를 간파하는 것이기 때문이다.

---

* 투자자나 딜러가 보유한 증권의 총계를 말한다. 매수 포지션, 매도 포지션으로 나뉜다.

주식시장의 심리학

제2장

전도된 추론과
그 결과

보통 사람은 대중의 주류로서 나타나는 경향에 대해 반감을 갖기 어렵다. 특히 주식시장에서는 이런 양상이 다른 분야보다 훨씬 심하게 나타난다. 우리는 주식의 가격이 결국 대중에 의해 움직인다는 사실을 인지했다. 여기서 요점을 말하자면, 우리는 투기적 시장의 '대중지론'이라는 것이 사람 숫자가 아닌 달러로 측정되어야 한다는 당위성을 기억하지 않는다는 것이다. 어떤 이가 100만 달러를 운용한다면, 이것은 500명의 사람이 각각 1000달러를 가지고 운용하는 돈의 두 배에 달하는 규모이다. 요컨대 시장을 움직이는 동력은 달러이며 사람의 숫자는 무의미하다.

'대중지론'의 본질적 실체는 바닥 국면에서 매도하는 현상과 절정 국면에서 매수하는 행태로 잘 드러난다. 소규모 거래를 하는 군중은 너무나 다급한 나머지 절정 국면에서 매수하고, 바닥 국면에서는 주식을 매도하거나 시장을 외면하곤 한다. 바로 이러한 사실 때문에 그들은 상투 국면에서 몇몇 큰손으로부터 주식을 넘겨받게 된다.

다시 백만장자 얘기를 해보자. 백만장자는 조용한 사람이다. 그가 말문을 여는 것은 그저 과거에나 필요했던 일이다. 지금 말을 하는 것은 그의 돈이다. 하지만 1000달러를 가진 사람들은 이야기하는 것을 너무나도 즐기며 지극히 유창한 수다로 일관한다.

위에서 언급한 논의는 적어도 투기로 인한 시세 변동이 연관되는 한, 대부분의 사람들이 시장에 관해 언급하는 것이 틀렸다는 결론에 도달할 수 있음을 보여준다. 필자의 견해는 대중 여론을 조작하는 자에 대해 경의를 표하는 것이 아니다. 하지만 대부분의 독자들이 노련한 신문의 여론몰이에 동의하는 것은 사실이다. 언론은 대체로 군중이 필요로 하는 주식시장의 상황과 군중이 원하는 생각을 신문에 반영한다. 즉, 주가가 높을 때는 사야만 할 것처럼, 주가가 낮을 때는 팔아야만 할 것처럼 진상을 논리적으로 추론해 내는 것이다.

보통 사람들은 종종 자신의 계획에 대해서는 낙관적이고 타인의 계획에 대해서는 부정적인 것으로 알려져 있다. 주식시장의 전문적인 거래자에게도 이 같은 상황은 확실히 나타난다. 여기에서 대략적으로 이런 결론을 도출할 수 있다. 전문 거래자는 습관적으로 다른 사람들이 잘못 판단하고 있다고 생각한다. 하지만 일반적으로 이것은 시장에 대한 자신의 분석이 옳다는 전제 때문이다.

게다가 그는 대체로 성공한 소수의 의견을 높이 평가한다(여기서는 이러한 소수의 사람들에 관한 논의는 접어두자). 그래서 많은 사람들이 강세 여론을 형성할수록 그는 강세장에 대해 더욱 의구심을 갖게 된다.

전문 거래자들은 시장에서의 명백한 견해대립을 분석하여 견해가 대립하는 원인을 쉽게 이해할 수 있다 하더라도, 자신을 독특한 반(反)대중적 성향으로 이끄는 경향이 있다. 이것은 전문 거래자들로 하여금 거의 모든 주식시장 문제에 대해 전도된 추론(inverted reasoning)을 하도록 하여 명백한 사실을 불신하도록 만든다. 흔한 일이지만, 선천적으로 논리적이지 못한 거래자들의 마음속에 있는 '전도된 추론'은 가장 변덕스럽고 기괴한 양상을 띤다. 이른바 가격조작으로 비난받는 명백하면서도 터무니없는 가격 변동이 빈발하는 것은 이 때문이다.

예를 들어, 어떤 거래자가 다음과 같은 가정하에 출발한다고 하자. '주식시장이 대폭 상승을 기록했다. 모든 소액투자자들이 매수에 나선다. 하지만 어떤 이는 자신이 보유하고 있는 주식을 팔 것이다. 대자본가는 이때부터 주식을 팔거나 공매도를 하거나 약세 시장에 대비하기 위해 준비할 것이다.'

그때 매수세를 자극할 만한 유력한 논거를 실은 신문기사가 나온다면, 그 거래자는 그 뉴스가 시장 상황에 중대한 변화를 일으킬 수 있을 것이라고 생각할 것이다.

그는 이렇게 말할 것이다.

"시장을 진짜 강세로 만들었던 것이 바로 이것이었구나! 이전의 상승에 비하면 덜 오른 거야."

아니면 이렇게 말할 것이다.

"그들이 주식을 팔기 위해서 매수를 유도하는 뉴스를 만든 거야."

그러면 그는 가지고 있던 모든 주식을 팔거나 공매도를 시작할 것이다.

이 사람의 추론은 옳을 수도 있고 틀릴 수도 있다. 여하튼 그가 매도하는 이유와 비슷한 이유로 매도를 하는 다른 이들은 호재성 뉴스의 발표로 인해 적어도 일시적인 하락을 경험한다. 호재성 뉴스가 발표되었는데도 주가가 하락하는 것은 문외한에게 터무니없는 것으로 보일 것이다. 이 경우 그들은 "모든 것이 조작되었다"라고 생각한다.

이와 같은 원리는 주식시장에서 자주 발생한다. 전문 거래자들은, 예를 들어 철강회사의 내부자들이 철강 주식을 팔기 위해 철강산업의 실적을 부풀렸다고 추론하곤 한다. 또는 정보를 시장에 축적시키기 위해 기만적인 보고서가 유통되었다고 추론하기도 한다. 어찌 되었든 간에, 이 세력들은 작전이 시작됨과 동시에 뉴스와는 정반대의 행동을 취할 것이며, 적어도 그 작전 시간 동안에는 시장에서 뉴스가 유포되고 있을 것이다.

요컨대 금융시장의 본질에 대해 알고 있는 거래자가 적을수록 이 같은 사기에 속는 거래자는 더 많아진다는 것이다. 만일 어떤 시장참여자가 주식시장에 대해 자연스럽고 진지하게 수용할 수 있는 보편적인 상황이라고 단호하게 확신한다면, 그는 냉소적인 의구심을 갖지 않은 채 시장 상황을 받아들일 것이며 이러한 시장 상황을 매매를 위한 기본 원칙으로 활용할 수 있을 것이다.

자본가들과 제휴하는 것으로 알려진 주식 중개인들을 통한 대량 매수에서도 이와 같은 논리가 적용된다. 사실, 이 경우에는 이중 전도현상이 나타나는 것으로 파악된다. 다음 예에서 각각의 거래자는 자신의 유형에 따라 동일한 매수 주체를 자기 나름대로 해석해 버리는 것을 알 수 있다.

거래자가 주식 중개인을 통해 매수 주문을 할 경우

1. '완전한 문외한'은 시장을 피상적으로 평가하고 상승하는 시장 상황을 매수 신호로 받아들인다.

2. 노련한 거래자는 이렇게 생각할 것이다. "자본가들이 정

말 주식을 사고 싶어 한다면 그들은 자신의 중개인을 통해서 매수하지 않고 다른 여러 중개인을 통해 창구를 분산시켜 주식을 매입함으로써 매입 사실을 숨기기 위해 노력할 것이다."

3. 매우 의심이 많은 전문가라면 한번 더 돌려서 이렇게 생각할 것이다. "자본가들은 우리에게 냄새를 풍기는 것이다. 즉, 다른 누군가가 자신들의 중개인을 이용하는 것처럼 우리를 착각시키기 위해 자신들의 중개인을 버젓이 이용하는 것이다."

이러한 이중 전도현상을 통해 전문거래자는 결국 문외한과 같은 결론에 도달한다. 거래자들의 추론이 더욱 복잡해지는 경우는 대규모 매수나 매도로 작은 이익을 추구하는 것으로 알려진 허풍스러운 단타 매매전문가*가 매매를 할 때이다. 그가 5만 주를 산다면 다른 거래자들은 즉각 그에게 주식을 매도하며, 시장은 거의 영향을 받지 않는다. 왜냐하면 거래자들은 그가 다음날 아니면 얼마 뒤에 5만 주를 판다는 것을 알기 때문이다.

* 매수와 매도를 지속적으로 반복하는 전문 거래자.

주식시장의 심리학

이런 이유 때문에 대규모 자본가들은 가끔씩 그들끼리 매매를 하는데, 이는 야기될 수 있는 의구심을 없앰과 동시에 그들의 주문이 용이하게 체결될 수 있도록 하기 위함이다. 그러므로 이런 종류의 대규모 거래는 교활하고 지능적인 행위로서 상당한 정교함이 필요하다(다시 말해 이는 5만 주라는 물량이 허풍스러운 전문 거래자의 것인지 자본가의 것인지 거래자들이 추론하기가 복잡해진다는 것을 의미한다).

이 '전도 현상'은 대규모 거래가 축적-분산되는 시기인 절정 및 침체 국면에 매우 유용하게 적용된다는 사실에 주목해야 한다. 시장이 대폭 상승한 후에 나오는 호재성 뉴스를 시장이 반복해서 거부한다면 '주식이 여기저기 널려 있는 것'이다. 마찬가지로 악재성 뉴스가 알려진 뒤에도 하락하지 않는다면 '주식이 부족한 상황'이다.

바닥과 천장이라는 극단적인 여정에서 자본가들의 포지션은 장기적인 행보를 보였으며 이를 굳이 숨기지 않았다. 그들은 가능하면 주가가 낮을 때 매집을 하는 방침을 가지고 있으며 매집이 끝나면 매집 사실을 전적으로 공개한다. 그들은 시장을 상승시키는 원동력으로서의 자신들의 명성이 알려지길 원하면서 매수의 모든 근거를 제시한다. 매도를 의도할 때에도 자본가들은 마찬가지 수법을 쓴다. 설령 시장이 몇 달 또는 몇 년

간 지속적으로 하락하더라도 그들은 자신의 포지션을 숨기지 않았다.

한편 '얼간이 투자자'가 돈을 벌 수 있는 기간은 시장이 장기적으로 상승하는 기간이다. 왜냐하면 그는 사실을 사실 그대로 받아들이기 때문이다. 반면, 전문 거래자는 자주 시장의 상승과 싸우는 것이 목격되는데, 그는 과도한 냉소와 의구심으로 인해 많은 돈을 잃기도 한다.

이렇게 보자면, 성공적인 투자자란 결국 자신만의 자연스러운 정신 작용을 전도시키고 그 정신 작용을 일반화시키는 것을 배워나가는 사람이다. 대체로 성공적인 거래자는 좀처럼 인쇄물*에 휘둘리지 않는 본능을 발전시킨다. 그러나 초심자에게는 이런 사고방식이 대단히 위험하다. 왜냐하면 어떤 사안에 관하여 번갈아가며 해석하기 때문이다. 예를 들어보자.

이들은 호재성 뉴스를 주가의 상승세로 해석하거나 매도자들이 주식을 팔기 위해 자신들이 원하는 방향으로 유도하는 것이라고 해석한다. 반면, 악재성 뉴스는 진정한 하락세로 해석하거나, 저가에 주식을 매집하기 위한 술책이라고 해석한다.

---

* 1900년대 초와 달리 요즘 시대에는 TV, 인터넷 등의 매체를 포함하는 개념으로 인식된다.

따라서 미숙한 투기자는 매우 어리둥절할 수밖에 없다. 그가 전문가의 방식대로 행동한다면 본인의 무덤을 파는 것이다. 모든 사안이 이중적으로 해석된다면 주식시장에 적용해야 할 그의 논리는 무엇이어야 하는가? 그런데 시장의 명백함에 대한 전문가의 불신이 결과적으로 그에게 얼마나 유리한지는 명확치 않다.

예를 들어보자. 우리들 대부분은 매우 심각한 정신적 파괴를 경험하곤 하는데, 주식 중개인 사무실에서 자주 볼 수 있는 '멍한 자들'이 대표적이다. '멍한 자들'의 사고 구조는 지속되는 곡예의 결과로 인해 영원히 황폐화된 것처럼 보인다. 그들은 항상 모든 면에서 겉으로 드러나지 않은 '숨은 동기'를 찾는 습관이 있다.

중개인들은 자신들의 장부에 록펠러와 모건을 가장 비열하고 천박한 사기꾼으로 기록하고, 두 사람을 '고매한 자본가'로서 주목받도록 해준 그들의 업적에 대해 '위엄 있는 위선'으로 깎아내린다. 이와 같은 사고 체계의 항구적인 전도현상은 때때로 자동반사적인 사고구조마저 혼란시킨다.

일반적인 법칙이라는 것은 간결하다. "상식에 충실해라. 균형과 수용성이 겸비된 정신을 유지하고 난해한 추론을 피해라"라는 말이 일반적인 법칙을 대변할 수 있으며, 이는 전도된 추론을 막아낼 수 있을 것이다. 여기서는 몇 가지 보다 심층적인 제안을 하고자 한다.

당신이 시장에서 이미 포지션을 가지고 있다면, 명백한 사실을 해석할 때 지적 교묘함에 의존해서 당신이 실패했었던 신념을 강화시키려고 시도하지 말라.

당신이 매수 포지션이든 매도 포지션이든 간에, 포지션을 가지고 있다면, 당신은 편견이 없을 수 없으며 당신의 편견과 부합하는 사실이 당신의 편견을 강화시킬 것이다. 이런 경우는 비일비재하여 일일이 열거하기도 어렵다. 당신이 성공하는 데 있어 포지션이 가장 큰 장애물임은 말할 것도 없다.

당신 자신의 포지션을 지탱하기 위해서 당신이 할 수 있는 최소한의 노력은 전도된 추론을 피하는 일이다.

가격 상승이 연장된 이후, 주가가 더 올라갈 것 같다는 생각을 증명하기 위해서 당신의 조언자로서 '전도된 추론'을 불러내지 말라. 또한 당신이 예상한 하락 결론을 복잡하게 만들지 말라.

상승세에서 나오는 호재와 하락세에서 나오는 악재에 대해 의구심을 가져라. 뉴스는 대체로 매도세를 초래하지만 그런 경우 가격의 움직임은 이미 상당히 반영되어 있다. 뉴스가 발표되기 전에는 주가가 소문과 기대의 결과로서 움직였다면, 뉴스가 공표된 이후에는 그런 움직임이 반복되지 않는다. 그러나 주가의 움직임이 뉴스에 선행하지 않았다면, 뉴스가 발표된 이후 그 뉴스는 전반적인 시장의 강세 또는 약세에 기여하면서 가격 변동을 초래할 것이다.

제3장

'그들'

주식시장에 대해 완전히 무지한 사람이 주가 변동의 원인에 관한 정보를 얻기 위해 증권거래소에서 며칠을 보내면서 모든 투자자와 거래자의 대화를 들어야겠다고 가정할 경우, 그에게 가장 긴급한 의문은 "그들은 과연 누구인가?"라는 문제일 것이다.

그는 어느 곳에서나 '그들'에 관한 얘기를 듣게 될 것이다. 소규모 고객용 응접실에서 그는 한 젊은이가 10주를 거래하고 난 뒤 그다음에 무엇을 할 것인지에 대해 다른 이들과 학구적으로 토론하고 있는 장면을 보게 될 것이다. 테이프* 분석자들(전문가들과 초심자들)은 철강업종 주식을 매집하고 자료를 배포하는 중이라고 그에게 말할 것이다. 또한 거래소의 회원들**과 거래자들은 상황에 따라 시장을 상승시키거나 하락시킬 것이라고 자신들의 계획을 그에게 말할 것이다. 심지어 차분한 투자자들

---

* 그 당시에는 주식시세 표시기가 테이프에 뉴스나 시세를 타이핑했다.
** 증권회사를 의미한다.

조차도 자신들의 주식을 팔기 위해 (시장이 약세일지라도) 일시적으로 시장을 상승시키거나 하락시킬 것이라고 그에게 정보를 제공할지 모른다.

'그들'이라는 '시장의 이론'은 성공적인 거래자들 사이에서 매우 유행하고 있으며, 아마도 초심자에게는 그 이상의 영향력이 있는 것 같다. 고객용 응접실에서는 시세가 그렇게 되어야 하는 이유에 대한 논쟁은 벌어지지만, 그렇게 될 것이라는 사실 자체에 대해서는 전혀 의심하지 않는다. 이런 현실이 미신인지 명확한 사실인지와는 상관없이, 많은 사람들은 '그들'이라는 시장 이론을 연구해서 돈을 벌고 있는 중이다.

당신이 월스트리트 주변을 배회하면서 다양한 거래자 계층에게 '그들'이 누구인지 묻는다면 수많은 사람들이 각양각색의 대답을 할 것이다. 첫 번째 사람은 "모건의 금융집단"*이라고 할 것이고, 두 번째 사람은 "스탠더드 오일"**과 그의 제휴업자"라고 할 것이다. 세 번째 사람은 "은행업자들"이라고 답할 것이다. 네 번째 사람은 거래소에 있는 "전문 거래자들"이라고

---

* 미국 투자은행계의 대부라고 할 수 있는 금융 재벌. 당시에는 미국 중앙은행보다 막강한 영향력을 행사했다.
** 록펠러가 창설한 전설적인 석유기업으로서 오늘날 메이저 오일의 전신이자 모체이다.

주식시장의 심리학

답할 것이다. 다섯 번째 사람은 다양한 유망 주식에 투자하는 "출자 조합"이라고 하면서, 이 조합은 대략적인 협의하에 운영된다고 말할 것이다. 여섯 번째 사람은 그들이 누구이며 어디에 있는가에 상관없이 "영리하고 성공적인 투기자들"이라고 말할 것이다. 한편, 일곱 번째 사람은 그들이란 대체로 활동적인 거래자에 불과하다고 말할 것이다. 이 사람이 의미하는 바는 매매공방에 의해 가격을 자신에게 유리한 방향으로 이끌고자 하는 거래자들이다.

시장을 탐구하는 연구자의 한 명으로서 성취한 것이 별로 없는 필자이지만, 뉴욕 주식시장은 아마도 어떤 한 개인의 통제하에 있으며 어떤 측면에서는 거대한 연합세력의 대리 기관이 시장을 지배할지도 모른다는 생각이 든다. 그 원천을 추적하는 것은 분명 불가능하며, 어떤 항구적인 지배 권력을 증명해서 꼬리표를 다는 것도 불가능하다. 세계의 증권시장 움직임은 장기적인 순환좌표로 보면 매우 유사하다. 그렇기 때문에 이 세력은 모든 주요 증권시장을 지배하기 위해 전 세계적인 '거대 금융연합세력'을 구성했을 것이다. 그러나 평범한 관찰자는 이 명제를 완성해서 받아들이기가 어렵다는 것을 알게 될 것이다.

필자는 투기와 투자의 과학을 불가능한 명확성 또는 이상적인 단순성으로 축소하려 한 것이 많은 실패의 원인이라고 생각한다.

과거에 수학 교수였던 A. S. 하디라는 외교관은 사원수(四元數, quaternion),* 미분학 등의 책을 집필했었다. 그런데 이 수학연구는 정신 훈련을 하기에는 매우 열악한 것으로 낙인찍혔다. 왜냐하면 그 연구에서는 판단력을 양성하는 도구가 없었기 때문이다. 당신이 수학자라면 고정불변의 논리가 있다고 가정하고 정확한 결론을 도출할 것이다. 그러나 실제로는 당신이 여러 논리들 가운데 어떤 논리를 선택하는 것 자체가 진정 어려운 일이다.

수학적 방법론을 가진 시장연구자는 항상 어떤 법칙이나 법칙의 경향을 추구한다. 거래자들이 추구하는 것은 이른바 '확실한 것'이다.

시장 연구자는 식음료업과 목재업에서의 성공 법칙을 탐구하지 않는다. 반대로 상황이 먼저 발생하면 그로 인해 유발되는 행위를 분석할 것이다. 하지만 필자의 마음에 주식시장은 완전히 실질적인 명제로 나타난다. 과학적 방법은 주식에서부터 닭고기 사업을 포함하는 모든 영역에 적용될 수 있다. 그러

---

* 수학 이론 중 하나로 복수수를 확장한 것이다. 윌리엄 해밀턴이 생각해 낸 수이다.

주식시장의 심리학

나 수학의 확실성에 근거하여 주식시장 변동을 정리하려는 노력과 과학적 방법은 매우 다른 것이다.

그러므로 '그들'의 정체성에 관해 토론할 때 우리는 훌륭한 이론을 만들어내려고 시도하는 것이 아니라 명백한 진실을 받아들이는 데 만족해야 한다.

사실 '그들'에 대한 이런 관념은 몇 가지 근거를 내포하고 있으며, 세 가지 집단으로 분류할 수 있다. '그들'은 시세를 만들어내는 증권거래소의 거래자들(혹은 투자조합), 주식시장을 지배하는 조직, 개인 투자자들로 요약할 수 있다.

첫째, 증권거래소 거래자들*은 현재의 가격 변동에 중요한 영향을 미친다. 예를 들어, 그들이 매도물량을 분석한 결과 매물이 매우 적다는 것을 간파했다고 가정해 보자. 주가 하락은 기업을 청산시킬 만한 요인이 아니며, 단지 소량의 매물이 상승세와 마주치는 정도이다. 그들은 예기치 못한 대격변이 없다는 것을 읽어내고, 시장이 하락하지 않을 것으로 판단한다. 그들이 모든 취약점을 분석해서 주식을 사들이는 것은 당연한 일

---

* 증권거래소의 플로어에 상주하는 중개인으로 수많은 주문을 가장 먼저 볼 수 있다.

이다. 많은 주식이 염가로 시장에 나올 때마다 그들은 그 주식을 잡아채곤 한다.

시장에서 거래소 거래자들의 '긴급 구조' 행위로 인해 그들의 명성이 높아짐에 따라, 그들은 현재 보유 중인 주식 외에 추가 매수를 하게 된다. 그들은 주가를 올리기 시작한다. 이것은 어려운 일이 아니다. 왜냐하면 그들은 지금보다 더 높은 가격으로 주가를 올리자고 만장일치로 합의했기 때문이다. 시장 매수 호가가 81.125달러, 매도 호가가 81.25달러라고 가정해 보자. 그들은 단지 100주가 81.25달러로 매물로 나와 있고, 200주가 81.75달러로 매물이 나와 있는 것을 발견한다. 그들은 얼마나 많은 주식 매물이 81.5달러 이상에서 매수를 기다리고 있는지 확신할 수 없다. 그러나 일반적으로 그들은 영리한 추측을 해낼 수 있다. 한 명 또는 그 이상의 거래자들은 500주의 매물을 사들이고 시장 가격을 81.5달러로 올려놓는다.

담합한 거래소 거래자들은 사소한 이익을 남기고 팔려 하지는 않는다. 그들은 가격 상승에 고무된 문외한의 주문이 있는지 살펴본 뒤 매수를 할지 매도를 할지 저울질을 할 것이다. 몇몇 매수 주문이 들어오면 아마도 81.75달러 또는 81.625달러로 매물을 내놓을 것이다. 매수 수요가 명확해지면 그들은 매도가격을 높이고, 저가의 매물은 낚아챈다. 이 과정이 반복되는 것은 다음날 또는 장 마감시간까지이다. 결국 항상 자신들에게 유리한 기회를 공작함으로써 그들은 많은 주식을 보유하지 않고서도 2~3포인트 정도로 가격을 올리게 된다. 이러한 움직임이 추종자들을 유인하는 데 성공하면 주가 전망의 변화 없이 쉽게 10포인트 이상 상승하게 될 것이다. 작전과 주가 전망이 결탁했을 때도 결과는 마찬가지이다.

반대로 가정해 보자. 그들이 주가를 내리기 위해 대량매도한 매물이 주가 상승과 부딪히면, 그 소폭의 상승은 치욕적으로 찌그러지고 거래소 거래자들은 약간의 이익이나 손실을 보게 될 것이다.

투자조합*은 대부분의 문외한이 믿고 있는 바대로 흔한 형태는 아니다. 필자는 얼마 전 호킹 석탄과 철강의 사례를 관찰할 수 있는 기회를 가졌었다. 그 결과 투자 조합이 성공적으로 운영되고 공동 소유되며 구성되기까지는 많은 어려움과 복잡한 문제를 극복해야만 한다는 것을 배웠다.

그러나 만일 특정 주식에 투자하는 한정된 투자조합이 존재

---

* 오늘날 펀드와 비교해 보면 자금모집과 투자방식에서 유사한 개념이지만, 운용은 그들이 직접 담당한다는 점에서 가장 큰 차이가 난다. 성과에 대한 책임 소재 역시 펀드는 펀드 가입자가 책임을 지지만 투자조합은 조합원에게 책임이 귀속된다. 자금의 모집 형태는 펀드가 불특정 다수를 상대로 하는 반면에 투자조합은 조합원의 출자로 기금이 모집된다.

한다면, 그 운용은 실제로 생산적이어야 하고 대규모여야 하며 결속이 굳건해야 할 것이다. 소규모 투자는 거래소 거래자를 고용해서 위임해야 하고, 조합 구성원의 공동의 이익을 위해서 자발적인 참여연합의 형태를 추구해야 하며, 강제적인 구속력이 없어야 한다. 물론, 개인 투자자는 오직 한 사람의 출자자로 구성된다.

둘째, 다수의 사람들은 '그들'을 강력한 자본가 연합으로 생각하며, '그들'이 동시다발적으로 주요 투기주식을 조종한다고 여긴다. 그런데 이러한 영속적이고 연합된 조직은 존재하지 않는다고 말하는 편이 어쩌면 안전할 것이다. 게다가 이러한 조직의 실체를 밝혀내는 일도 어렵다. 물론 '단일 거대 세력'이 실질적으로 시장을 지배하던 시절도 있었다. 그 시기에는 다른 세력들은 단일 거대 세력의 지배를 지켜보는 데 만족해야 했고, 틈새 규모에서 활약하거나 단일 거대 세력의 지배 권역에 속하지 않는 좋은 기회를 찾아야만 했다. 과거에도 그러했던 것처럼 '스탠더드 오일 일당'과 '모건 세력'이 전체적이고 중요한 시장조작 활동을 지배하는 유일한 세력이었다는 것을 독자들은 금방 알 수 있을 것이다.

현재 거대 세력은 대체로 세 가지 계파, 즉 모건, 스탠더드 오일, 쿤 롭으로 분류된다.* 이 세력들은 일시적이고 제한된 목적을 위해서라면 조건부 합의를 할 수 있다. 세력으로 불리는 이들은 각각 느슨하게 결속된 추종자 집단을 거느리고 있는데, 단 한 가지 목적인 자본의 '공동 지배' 때문이다. 이 '세력'은 군대는 아니지만 배신자를 군법정에 회부해서 총살할 수 있다.** 그것도 강제적인 방법에 의해서가 아니라 계략에 의해 유도하는 것이다. 정말로 그들에게 배신자로 찍히면 재정적으로 사형선고를 받게 될 것이다. 그리고 일반적으로 그 배신자가 주식시장에서 명성을 얻기는 불가능에 가깝다. 그러나 만약 시장에서의 그의 활동규모가 크지 않다면 그는 자신의 활동 증거를 성공적으로 숨길 수는 있다.

이런 정황으로 미루어 보면 '그들'이 시장에서 항상 활동하는 것은 아님을 알 수 있다. 대규모 작전은 미래가 확실히 보장될 정도로 안전한 경우에만 착수한다. 미래가 불확실하고 정치적·금융적 상황에 다양한 불안요소가 개입되어 있다면 선도적인 금융세력은 자신들의 사적인 거래활동에 만족해야만 할 것이며, 대규모 작전 시행은 견고한 토대가 무르익을 때까지 연

* 현재 거대 금융기관의 모체로서 여기서 파생된 많은 대형 투자기관이 오늘날 활동 중이다.
** 책의 저자가 행방불명된 원인이 이 때문인 것으로 추정해 볼 수도 있다.

기될 것이다.

셋째, '그들'은 대개 투기자들과 투자자들로 간주된다. 그들은 전 세계에 산재해 있으며, 각자가 주식시장에 자신의 소액을 투자하여 가격 변동에 영향을 미치는 이질적이고 잡다한 사람들이 모인 집합체라고 규정할 수 있다. 이런 의미에서 셋째에 해당하는 '그들'에 대해서는 의심의 여지가 없다. 그들은 주가를 확립하기 위해 마지막 항소를 할 수 있는 상급 법원인 셈이다. 달리 말하면 '그들'은 증권의 최종 소비자인 것이다. 그들 모두 자신의 주식을 팔기 위해 급하게, 직간접적으로 계획을 세우는 사람들이다.

당신은 말을 몰아 물가에 갈 수는 있지만, 말로 하여금 물을 마시게 할 수는 없다. 당신 또는 필자, 또는 다른 백만장자는 가격을 올릴 수는 있지만, 그들이 구매력이 없거나 구매 방법을 모른다면 당신은 그들로 하여금 당신의 주식을 매수하도록 할 수는 없다. 여하튼 그들에 대한 개념이 정립되었다는 것은 의심의 여지가 없으므로 그들을 있는 그대로 분석해 보자.

광범위한 공작이 만연한 곳에서 '그들'의 평가이론은 주식 매집과 주식 공급에 상당한 영향을 미친다. 사실 최근의 강세 국면에서 가장 자주 오르내리는 얘기는 다음과 같은 것이다.

"맞아, 주가가 상승세이기는 하지만 나는 주가가 특별히 강세를 보일 것으로 판단하지는 않아. 그러나 주식은 유력한 사람들이 가지고 있고, 그들은 가격을 더 높이기 위해서 시장의 강세를 선전하고 있어."

일부 투자자들은 이 새로운 군단의 노련한 투자자가 훈련시킨 사람들이 행동, 즉 매수를 개시하자마자 주식을 매도할 것을 강조한다.

마찬가지로 우리는 약세장이 길어지면, 누군가가 곤경에 빠져 있는 것이고 시장에 확실한 집중 매수 세력이 등장하기 전까지는 시장이 하락할 것이라는 얘기를 듣게 된다.

이 모든 것이 가장 얼빠진 창조물이자 생각 없는 투기자의 눈에 단지 먼지가 들어가서 벌어진 일처럼 생각된다. 시장 펀더멘털에 비해서 주가가 높은 경우, 주가가 상승해야만 하는 확실한 근거는 없으며 불특정 다수는 '그들'이 여전히 매수를 설득하기 때문에 매수를 하게 된다. 그렇지 않을 경우, 대중은 적어도 추가로 대량 매수는 하지 않는데, 왜냐하면 '그들'이 주식을 매도할지도 모른다는 두려움 때문이다.

한편 시장 상황을 전문적으로 분석하는 정밀한 연구자의 분석은 꽤 정확한데, 그가 분석하는 대상은 매일 매수와 매도 포지션을 취하는 시장의 특성이다. 이 연구자가 의도하는 것은 자신이 생각한 바와 '그들'이 다음에 취할 행동을 함께 분석하여 자신의 계획을 수립하는 것이다. 그는 처음에 기술했던 '거래소 거래자들', '투자조합', '개인 투자자들'을 기억하고 있다. 그는 확실히 노골적으로 보이는 이 개념 정의의 혜택을 많이 받고 있는 것이다.

이러한 개념은 그로 하여금 시장의 순간적인 현상으로부터 그다지 영향을 받지 않도록 해주며, 현재의 뉴스와 흘러 다니는 소문에 현혹되지 않도록 해준다. 학생들도 다 알고 있듯이, 매수의 적기는 시장이 매우 약세로 보일 때, 최악의 뉴스가 나올 때, 약세장의 징후가 가장 일반적일 때이다. 그러나 만일 어떤 이가 시세 표시기에서 나오는 절망적인 뉴스 때문에 아무도 주식을 사지 않았던, 전 세계적인 매도 홍수의 장면을 떠올린다면, 그것은 그가 매수에 뛰어들 용기가 없다는 것을 증명하는 것이다.

하지만 '그들'의 계획이 시장에 마지막 일격을 가하기 위해 거대한 매도를 촉진하는 것을 알고 있다면, 이 연구자는 용기를 가지고 매수를 할 것이다. 그의 견해가 맞고 틀리고를 떠나

서 적어도 바닥에서 매도하고 절정에서 매수하는 우를 범하지
는 않을 것이며, 약세장에서 매수할 수 있고 강세장에서 매도
할 수 있는 대담성을 갖게 될 것이다.

'그들'이라는 개념의 모호함 때문에 일반 거래자와 투자자
는 주식시장에서 자신을 명백히 '그들'로 인식하는 현상이 발
생한다. 그래서 일반 거래자와 투자자가 느끼기에 '그들'이란
온화하고 초월적인 사람이 된다. 그러나 시장에서 '진짜 그들'
이 출현하면 그는 필연적이면서도 재정적인 이유로 '진짜 그
들'에게 관심을 집중하게 된다. 그렇지만 '그들'이라는 개념이
모호하기 때문에 '그들'에 대한 열성적인 분석은 '그들'을 선량
하게 규정하게 되고, 이로써 거래자 또는 투자자는 자신의 마
음속에 있는 '진짜 그들'을 제거하게 된다.

'그들'이라는 단어는 그들이 과거의 전력을 갖고 있어야 비
로소 의미를 갖는다. 또한 '그들'이라는 단어를 마음속에 산만
한 생각이나 언어로 자리매김하지 않도록 하면서 활용해야 한
다. 만일 거대 은행 세력이라는 의미로 '그들'을 해석하면 그들
은 개인 투자자들에게 영향을 미칠 것이고, 개인 투자자들은
다시 거래소 거래자들이라는 의미의 '그들'의 함정에 빠져 시
련을 겪을 것이다. 시장 상황에 대한 진정한 전문지식은 뉴스
발표에 "'그들'이 무엇을 할 것이다"라고 즉각 요약할 수 있는

성질의 것이 아니다.

당신은 모든 개인 투자자가 관심을 갖고 있는 시장 대응 방법을 결정할 수는 없다. 그러나 당신은 매수와 매도 의견을 제시하는 정보원천을 대략적으로 분류할 수 있고, 매수 주식의 특성을 구분할 수 있으며, 다양한 등급을 매길 수 있다. 요약하자면, 당신이 충분한 연구와 관찰을 한 후에 전문적 위상을 세우기 위해 작업한다면 당신은 항상 '그들'의 과거 행적을 기억할수 있으며 '그들'을 이길 수 있을 것이다.

제4장

예정된 할인,
현재의 혼동

정 말이지 미숙한 거래자, 초보 투자자, 숙련된 투자자조차도 과거의 결과에 대해서 끊임없이 깊이 생각하려고 노력한다.

다음과 같이 가정해 보자. 철도 회사가 발표한 순익이 지속적이고도 큰 폭의 증가를 보여주고 있다. 초심자는 이렇게 추론한다. "증가된 순익은 배당금 총액이 증가된다는 것을 의미한다. 따라서 주가는 오를 것이다. 나는 주식을 살 것이다."

하지만 사실은 전혀 그렇지 않다. 그는 이렇게 생각해야 한다. "이 실적 발표가 다른 요인에 의해서 보완되지 않을 것이라면 가격은 이미 증가된 순익을 반영하고 있는 것이다. 그러면 다음은 어떻게 될까?"

이러한 추론은 현재의 상황이 계속될 것이라고 생각하는 인간 정신의 무의식적인 성향을 보여주는 것이다. 인간의 전반적인 인생 계획은 필연적으로 이러한 무의식적 추론에 토대를 두는데, 이 토대는 인간에게 중대한 영향을 미친다. 밀 가격이 오르면 밀을 많이 재배할수록 이익이 커지기 때문에 농부들은 자신들의 재배 면적을 늘리고, 반대의 경우라면 밀 생산량을 낮춘다. 필자는 단순히 소비수요보다 많은 감자를 비축하는 것만으로 큰돈을 벌 수 있었다고 자랑하는 감자 재배업자와의 대화를 기억한다. 그는 감자 시세가 낮을 때 많이 재배하고 시세가 높을 때 재배면적을 줄였는데, 다른 농부들은 그와 정반대로 행동할 것이라고 생각했기 때문이었다.

이 일화를 보면, 보통 사람들은 축복받지 못했거나 저주받은 것이다. 그러나 당신은 분석적으로 세상을 볼 수 있어야 한다. 우리는 '유리를 통해서 어렴풋이' 세상을 보고 있으며, 우리의 생각은 항상 이러한 모호함 속에서 발전해 왔다. 우리의 추리력은 피치 못할 정도의 고통은 아니었겠지만, 고통을 겪으며 찾아낸 관습 속에서 작동해 왔다. 우리의 감정 중 많은 부분과 행동의 일부는 외부 자극에 대해 지극히 무의식적으로 반응한다. 인간 뇌의 발전이 경이로운 것처럼 그 발전이 확장된 신경절(ganglion)*로부터 생성되었다는 것 역시 놀랍다. 여전히 뇌의 첫 번째 반응은 실제로 신경절에서 이루어진다.

이에 대한 실제 사례는 적대적 감정에서 쉽게 찾을 수 있다. 우리는 아침에 우리를 깨우는 자명종에 대해 적대감을 느낀다.

---

* 많은 신경세포나 신경섬유가 모여 서로 연락하는 부분. 신경마디.

　　　　　　　　　　　　　　주식시장의 심리학

우리가 주의하여 알람시간을 맞추어 놓고도 자명종에게 상처를 받는 것이다. 만일 자명종을 끄는 데 실패하면 아마도 심각한 불편을 감수해야 할 것이다. 게다가 충실한 시계를 저주하기도 할 것이다.

지하철 도착이 지연될 경우, 십중팔구는 플랫폼 위에서 지하철이 오는지 보기 위해 목을 길게 빼고 걱정스럽게 기다린다. 약속시간에 늦을지도 모른다는 불안감 때문에 그런 행동을 보이고 있음에도 불구하고, 그곳에 서 있는 사람들은 그렇게 하는 것이 열차의 도착을 도와주기라도 하는 것처럼 여긴다. 이처럼 대부분의 사람들은 약속시간 이행이라는 기본 윤리를 지키기 위해 노력하는 과정에서 합리적 계산과 분석을 하기보다는 쓸데없이 정신적·육체적 정력을 소비하기도 한다.

말하자면 주식가격과 같은 매우 복잡한 문제의 경우 그 주제에 관해 무지하고 주제가 어려울수록 우리의 모호함은 증가하는 것이다. 주식시장에 관한 독서·관찰·대화로부터 우리는 다양한 '생각의 분류'를 흡입하게 되는데, 그 '생각의 분류'란 장세가 약세인지 강세인지 결론을 내리는 것이다. 그 생각을 표현하는 형식은 "시장이 강세이다"와 "시장이 곧 강세를 보일 것이다"인데, 두 가지 표현의 의미는 서로 다르다. 즉, 이는 분명치 않은 미래를 지금 우리가 판단한 대로 현재화하는 행위를 표현하는 것이다.

만일 어떤 거래자를 선정해서 그를 현재 진행형인 표현 틀에 얽어맨다면, 그는 가장 높은 주가가 형성되는 순간은 뉴스가 가장 강세장에서 나올 때임을 기꺼이 인정할 것이다. 게다가 당신은 그 거래자가 뉴스가 나온 뒤에 뉴스 때문에 주식을 매수한다는 것을 간파할 것이다. 설령 그 거래자가 그 순간 주식을 매수하지 않는다 할지라도 그 거래자는 여하튼 '반응'을 보일 것이다. 예정된 결과는 대부분 사전에 결과의 조짐을 암시하는데, 이것은 영리한 투기의 초석이 된다. 이처럼 결과를 예상할 수 있음에 따라 움직이는 주가는 '할인(discounting)'으로 명명될 수 있으며, 할인이 진행되는 과정은 정확히 검토할 만한 가치가 있다.

그런데 중요한 사실은, 마음속에 생성되는 몇 가지 결과는 할인될 수 없다는 것이다. 이는 거대 은행 세력이 전능하다고 가정함에 따라 야기되는 것인데, 사실상 이런 추측의 절반 이상은 상상에 불과하다.

샌프란시스코 지진은 예상할 수 없는 결과의 전형적인 모형이라 할 수 있다. 그렇기 때문에 할인될 수도 없다. 그러나 모든 결과가 '천재지변'과 같은 논리로 할인될 수 없는 것은 아니다. 우리의 거대 은행가들이 대법원의 판결로 인해 어둠 속 증권회사의 고객용 방에서 가장 영세한 단주(端株)* '채집가'가 되었을지도 모른다는 의문이 있을 수는 없지 않겠는가?

결과가 발생하기 전에 결과의 효력이 감지되지 않는다면, 그 효력은 차후에 나타날 것이 틀림없다. 할인에 대한 모든 논의 과정에서 우리의 주제가 우리를 농락하지 않도록 하기 위해서는 이와 같은 명제를 반드시 가슴에 새겨야 한다.

한편 어떤 결과는 이따금 과도한 할인을 야기할 수도 있다. 만일 어떤 주식의 배당률이 4~5% 높아진다면 주가가 강세라는 공감대가 형성될 것이고, 이는 6~7% 배당이 이루어질 것이라는 소문으로 와전되어 주가는 6~7% 배당을 근거로 상승할 것이다. 사실 실제 공시는 5% 배당 예정인데도 말이다. 그러면 그 후 실망한 투자자들이 주식을 던짐으로써 과도한 하락이 발생한다.

그런데 연합한 자본가들 또는 공동 경영을 하는 은행 세력들**의 통제하에 있는 결과는 일반적으로 결과가 발생하기 전까지는 완전히 할인되어 있을 것이다. 비록 확실한 수익이 보장되는 정보가 소수의 사람에게 미리 알려져 있다고 할지라도,

---

* 매매 거래의 단위에 미치지 못하는 단수(端數)의 주(株).
** 당시에는 은행이 투자은행과 상업은행 간 구분이 없었고 금융시장에 막강한 영향력을 행사했었다. '글래스·스티걸법(Glass-Steagall Act)' 참조.

이는 자본이 부족한 상태에서는 확실한 수익을 얻을 수는 없다는 의미와 일맥상통한다.

그럼에도 불구하고, 미래 전망에 정통한 것으로 알려진 '내부자들'은 대체로 과대평가되고 있다. 특히 미국에서 이런 경향이 강한데, 그것은 미국인의 기질이 중요한 인물들의 역량에 크게 의존하기 때문이다. 이런 이유 때문인지는 몰라도, 유력 정치인들이 채택한 정책은 미래 사업 전망을 매우 복잡한 양상으로 만든다. 이들은 미국인들을 권력으로 몰아붙이는 것은 아니다. 정치인들의 지배력 행사는 감언이설을 비롯해 우회적이면서도 부정적인 방법으로 실행된다.

더욱이 대중 여론은 해마다 변덕이 심해지고 있는데, 이는 정보의 유포가 더 빨라지고 독서하는 대중이 증가하기 때문인 것으로 생각된다. 세상 사람들은 노련한 일부 재력가들이 다음과 같이 말하는 것을 쉽게 상상할 수 있다. "내가 현재의 자본을 1870년에도 가지고 있었더라면, 또는 지금처럼 일할 수 있는 조건을 1870년에도 가졌더라면 얼마나 좋았을까!"

할인 진행 과정이 완성될 시기를 적절히 예측할 수 있기 위해서는 다각도에서 상황을 연구해야 한다. 가장 중요한 문제는 매수를 해야 하는 시기와 매도를 해야 하는 시기로서, 가장 일반적인 때와 가장 긴급한 때를 구분하는 것이다.

다음의 예를 들어보자. 1907년, 은행에서 지불 준비금을 유례없이 감소하기로 공표한 월요일은 많은 배당이 예상되는 주식을 매수하기에 최적인 시점이자 가장 안전한 시점이었다. 그럼에도 불구하고 시장은 개장과 함께 은행 유동성 압박을 우려하여 몇 포인트* 하락했고, 그 후 많은 주식들은 전혀 팔리지 않았다. 간단히 설명하자면 이는 시장 상황이 너무 나빠서 더 이상 나빠지기 어렵다는 것을 의미했으며, 모든 시장참여자들이 하락을 방어하기 위해 틀림없이 의기투합할 것으로 보이는 기회였다.

비슷한 사례가 또 있다. 1900년 대통령 선거 유세에서 윌리엄 브라이언(William Bryan)이 후보로 지명됨에 따라 주가는 최저가로 내려갔었다. 투자자들은 즉각 "그가 당선되어서는 안된다"라고 말했다. 그런 까닭에 그가 후보로 지명되었다는 사실은 모든 경우의 수 중에서 최악의 경우가 되었다. 여기서 요점은 정치적 뉴스는 약세장이 형성되는 가장 큰 원인이 된다는 것을 명심하라는 것이다. 선거 운동이 거듭되면서 브라이언의 패배가 확실해짐에 따라, 시장은 전반적인 경제·금융 상황에

---

* 현재의 물가 및 주가와 당시의 물가 및 주가를 비교해 보면 당시에는 몇 포인트가 대단히 큰 폭이었다는 것을 추측할 수 있다.

연동되어 지속적으로 상승했다.

반면에, 사전에 결과가 자본가에게 알려지는 것은 할인이 아니라, 가장 큰 난관을 표시하는 것이다. 이로 인하여 상당한 불확실성이 존재하기 때문에 가장 정확한 정보조차도 상승과 하락의 분기점에서 방향을 저울질하게 되며, 아마도 가격 변동폭이 크건 작건 상관없이 저울의 방향은 자본가에 의해 정해질 것이다.

어떤 면에서는 결과에 선행하는 불확실성이 결과 이후 발생할 수 있는 최악의 상황보다 더 우울하다고 할 수 있다. 이를테면, 1904년 북부 안전과 관련된 소송에서와 같이, 사업가들은 아직 대법원의 판결을 받지 않은 공공정책이 자신들의 사업을 매우 불투명하게 만들기 때문에 중요한 계획을 진척시키기를 두려워한다. 하지만 대기업은 어떠한 판결이 내려지더라도 이에 쉽게 대응할 수는 있었다. 재판과 관련된 불확실성은 시장을 약세로 끌어갔다. 따라서 판결의 결과가 어떻든 간에 사실상 판결 전에 이미 해당 기업주식은 할인되고 있는 중이었다.

1911년, 시장에서 평가하듯이 스탠더드 오일과 아메리칸 타바코에 대한 판결이 동일한 형평성을 갖췄다는 것은 사실이 아니다. 왜냐하면 스탠더드 오일에 대한 판결은 보다 중요한 문제를 초래했기 때문이다. 스탠더드 오일에 대한 판결은 불확실성 제거라는 중요한 이론에 기초했기 때문에 시장은 일시적으로 시세가 분출했었다. 그러나 정부가 US스틸*을 기소할 것이라는 성명이 발표된 후, 투자자들에 의해 시장 상황이 검토되었고 시장은 놀랄 만한 하락을 기록했다. 이와 같은 국면은 언젠가 발생할 수 있는 최악의 상황으로 여겨졌으며, 이후에 상당한 상승이 이어진 것으로 판명되었다.

조금 더 보편적으로 말하자면, 시장에 불확실한 결과가 발생하면 이를 매우 좋은 기회로 평가하는 사람이 있지만, 그 반면에 각각의 거래자는 강한 신념을 가지고 있든지 포기할 수 없는 몇 가지 의구심이 여전히 남아 있든지 간에 상관없이 자신의 견해를 철회한다는 것이다. 그리하여 시장참여자의 상반된 견해에 입각한 매매 공방이 주가 등락폭을 좌우할지도 모른다. 만일 그렇지 않다면, 주가는 근소한 힘겨루기 비율에 따라 정체 상황을 보이거나 좁은 범위 내에서 가격 변동이 이루어질 것이다.

물론 항상 명심해야 할 것은 매수자나 매도자의 수가 아니라 돈의 규모, 즉 돈의 힘을 염두에 두어야 한다는 점이다. 몇몇 거대 자본가들은 자신들이 정확히 판단한 상승 예상 정보를 가지

---

* 당시 스탠더드 오일의 관계회사가 US스틸이었던 것으로 추정된다.

고 있기 때문에 자신들과 반대 견해를 가진 수천 명의 소액 거래자들보다 우월할 것이다. 사실 이러한 상황은 앞에서 설명했던 것처럼 매우 자주 볼 수 있는 장면이다.

개인 투자자의 매매활동은 분명히 가격에 영향을 미치며, 그의 활동은 그의 견해와 매우 정확하게 일치한다. 예를 들어, 개인 투자자가 상승에 전적으로 동감하고 주가가 낮다고 생각한다면, 그는 자신의 자산을 최대한 동원해서 최대한 많은 주식을 매입할 것이다. 주가가 어느 정도 상승한 후에 일부 하락의 조짐을 관찰한다면 — 실제 하락하지 않더라도 — 그는 그 징후가 자신의 무거운 짐을 다소 덜어주는 계기라고 생각할 것이고, 자신의 축적된 수익만큼은 확신할 것이다. 그 후 그가 "가격이 너무 올랐다"라고 느낀다면 그는 온화한 매도자가 될 것이다. 만일 그가 "너무 올랐다"라고 판단하는 수준에서 주가가 더 오르는 동안 일부 위험이 나타난다면, 그는 다음에 어떠한 상황이 온다 할지라도 "주식을 모두 팔아버리자"라는 것으로 마음이 바뀔 것이다. 설령 보증되지 않은 투기에 의해 가격이 훨씬 더 상승할 것이라고 생각할지라도, 그는 자신의 마음과 돈을 지배하고 있던 매도를 즉각 실행할 것이다.

그러나 시장 상황을 변화시키려는 가장 큰 세력이 시장에 형성되고 있었고, 다른 이들 사이에서는 시장에 관한 견해가 바

꾀고 있었다. 한 거래자가 예상한 방향과 동일한 방향으로 가격이 움직이면서 자타가 공인하는 그의 주식은 탄탄대로를 달리게 된 것이다. 이 경우 그는 주식을 그대로 보유하거나 더 매수할 것이다. 다양한 견해를 가진 전 세계적인 투자의견이 혼합되는 과정 속에서 인성과 지식은 평균 가격으로 산출되어 나타난다. 이것이 진정한 투자 상황 지수이다.

여기서 필연적으로 추론할 수 있는 중요성은 가까운 미래뿐 아니라 먼 미래의 가능성 역시 시장에 반영되고 있다는 사실이다. 어떠한 결과가 보편적인 주목을 끌 만큼 중대한 영향력을 발휘하는 경우는 거의 없다. 환언하면, 어떠한 추론 과정이 시장의 강세와 약세를 예단할 수는 없다는 의미이다. 의심의 여지없이, 우리의 오랜 친구인 신문 칼럼은 '국가 활동의 100만 달러짜리 선도자로서 주식 산업을 대량으로 창조하고 유지하는' 데 영향력을 행사한다. 그리고 그 칼럼은 기운찬 일부 낙관주의자로 하여금 100가지 주식을 매수하도록 영향력을 행사할 것이다.

그러나 아침식사로 도넛을 너무 많이 먹어서 배가 부른 비관주의자는 진정한 강세 뉴스의 결핍을 근거로 제시하는 기사를 채택할 것이고, 강세장에서 100가지 주식을 공매도할 것이다. 주가 변동성 확대를 야기하는 투기자들을 냉정한 관찰자로 본다는 것은 터무니없는 생각이다. '최대한의 공매도'를 한 투기자가 주식을 다시 사는 데는 오랜 시간이 필요치 않다. 어떤 순간일지라도 그가 사소하게 생각했었던 뉴스를 '최대한의 공매도' 포지션을 유지한 채 보고 나면, 그 뉴스는 엄청난 중압감으로 그를 옥죌 것이다. 그 이유는 그의 공매도 주식 규모가 지나치게 과도하기 때문이다. 그에 따라 그의 공포는 기하급수적으로 증가하게 된다. 마찬가지로, 투기자가 과도하게 주식을 매입하는 것은, 온두라스와 루마니아 사이의 얼토당토 않은 전쟁 소문을 듣고 주식을 던지는 우를 범하게 만들 것이다. 이 두 나라의 지리적인 위치를 검토하려는 시도조차 해보지 않은 채 말이다.

'터무니없는 얘기'에 근거한 가격 변동은 언제나 비교적 변동 폭이 적은 편이다. 그래도 가격이 움직이는 이유는 '다른 놈들'이 어떻게 행동할지 모른다는 두려움 때문이다. 당신은 시장을 기습하기 위해서 유포하는 약세론자의 소문에 홀리지 않을 수 있겠는가? 시장이 하락할 때 당신이 가진 주식이 너무 많다면 마음이 편안할 수는 없을 것이다. 설령 약세론자들이 시장을 기습하지 않는다 해도 많은 사람들이 기습을 두려워하여 자신들의 주식 비중을 낮추면 불가피하게 시장 하락이 초래되지 않겠는가?

주식시장의 심리학

이 글의 추론 방침과 범위에 따르자면, 전문 거래자는 결국 시장에서의 매매활동 방향을 매도 포지션으로 선택하게 된다. 그가 믿고 있는 것은 사실 그 자체가 아니라 다른 이들로 하여금 자신을 추종하도록 만들 수 있다는 사실이다. 더 정확히 말하자면, 그가 뉴스를 보고 있다는 사실만으로도 다른 이들이 그 뉴스를 본다는 것이다. 전문 거래자는 증권거래소의 플로어에서 끊임없이 자신의 손가락을 매수와 매도로 번갈아 진동시키거나 테이프에 그 내용을 기록함으로써 일반인들이 그를 추종하도록 만든다.

그러나 비전문 거래자가 다른 이들로 하여금 자신을 추종하도록 하기 위해 전문 거래자의 흉내를 내는 것은, 걷지도 못하면서 뛰고자 하는 바보 같은 행동이다. '그들'에 대한 평가에서 본 것처럼, 상식적으로 볼 때 이런 행태는 포기해야만 하는 위험한 사고방식이다. 결론적으로 말해서 '그들'이 그러했듯이 다른 이들도 비전문가를 추종하는 바보 같은 행동은 하지 않을 것이다. 시장이 할인될 가능성이 있다 할지라도, 돈을 벌고자 한다면 할인될 가능성을 할인함으로써 더 많은 기회를 얻게 될 것이다.

시장 할인에 대해서는 미국시장과 가장 상이한 주식시장 현상을 연관시켜 보더라도 유용한 단초를 찾을 수 있다. 그것은 주가 변동의 법칙과 판단, 기준과 유사성을 정리하려는 모든 노력을 피하고, 각각의 경우를 분리해서 분석하지 말라는 것이다. 역사적 유사성이라는 것은 애매한 말이다. 대체로 비슷한 요소로 구성될지라도 모든 상황은 새롭기 마련이다. 각각의 구성요소는 고유한 무게를 가지고 있으며, 각 요소 간의 융합은 시장의 그럴싸한 결과로 나타나는 것으로 판단된다. 많은 경우에 '할인의 결과'라는 것은 결코 신뢰되지 않는다. 그러나 연구자는 미래의 길잡이로서 현재를 숙고해야 하는 법과 미래를 연구하는 법을 배워야만 한다. 가장 광범위하게 뉴스가 퍼지고 강조되는 시점에 극단적인 가격이 나타날 것이다.

하지만 지금까지 기술한 논점은 시간이 지남에 따라 잊혀질 것이고, 언제나 같은 질문이 반복될 것이 틀림없다. "앞으로 시장이 어떻게 될 것 같습니까?"

제5장

자신만의 혼동

앞장에서는 분주한 거래자가 과도한 매수·매도 포지션을 취할 경우 평정심을 유지하기가 매우 어려워진다는 사실을 언급했었다. 자신의 희망에 따라 무의식중에 판단을 바꾸기 때문이다.

한때 시카고 상업 거래소에서 활동했던 대형 투기자는 시장에서 공매도를 했고, 그 후 밀 가격은 오랫동안 상당한 약세를 보이고 있었으며 많은 평가이익을 내고 있었다. 그런데 어느 날 그의 친구들이 전부 환매수를 했는데 가격이 완만한 상승을 하고 있다는 소식을 듣고 매우 놀랐다. 그는 즉각 매수로 포지션을 변경하고 맹렬하게 매수를 주장했다. 이틀 동안 매수 포지션을 유지했지만 시장은 하락했다. 그러자 그는 다시 공매도 포지션을 취하면서 이전보다 더욱 강력하게 약세를 주장했다.

그가 했던 행동은 어느 정도까지는 시장을 시험하기 위한 것이었지만, 이제는 그 자신을 시장보다 더 자주 시험하기에 이르렀다. 태도와 포지션을 바꾸면서 그는 이번에도 자신의 포지션으로부터 자신을 합리화할 궁리를 찾고 있는 것이다. 물론 그의 합리화 노력이 자신을 설득하지 못할지라도, 그는 더욱 새롭고 공격적인 공매도 선전활동을 거듭할 준비가 되어 있는 것이다.

이 상황은 전혀 특별하지 않다. 시장에서 자신이 취한 포지션에 관해 평정심을 유지하는 것은 매우 어렵기 때문에 개인적으로 수익을 창출하는 것이 쉽지만은 않다. 대체로 사람은 자신이 원하는 것을 할 때에는 많은 이유를 갖고 있으며, 자신이 원치 않는 것을 하지 않을 때에는 그보다 더 많은 핑계를 갖고 있다. 대부분의 사람은 오래된 궤변 "무엇이건 정당하다"를 "내가 원하는 것은 무엇이건 정당하다"로 자기중심적으로 변용한다. 많은 독자들은 이 좌우명을 매우 자주 사용하는 유명한 사람의 이름을 즉시 떠올릴 것이다.

만일 스미스와 존스가 구두로 계약을 했는데, 그 후 이 계약이 존스에게 크게 이익이 되는 것으로 판명된다면, 스미스는 이렇게 회상할 것이다. "계약은 언제라도 취소될 수 있는 허술한 상호 양해일 뿐이다." 반면에 존스는 이렇게 주장할 것이다. "계약이 문서화되었더라면 완벽한 강제력을 갖추게 되었을 것이다. 계약은 명백히 합법적이었다." 탈레랑은 우리가 사용하는 언어는 자신의 생각을 감추기 위한 것이라고 말했다. 이처럼 우리가 주장하는 논리라는 것은 우리의 욕망을 지원할 목적

주식시장의 심리학

으로 존재한다는 사실을 많은 이들이 인정하는 것 같다.

사람들의 이익이 싹트고 소멸되는 곳에 편견이 있다고 말할 수 있을 정도로 자기성찰적인 사람은 거의 없다. 더구나 이런 말을 하려고 노력하는 사람은 더욱 드물다. 많은 경우에 우리의 판단력은 자신의 이익에 최적화되도록 훈련받는다. 우리가 당면한 문제는 우리가 상황을 정확히 인식하고 있는지 여부가 아니라, 우리가 그 상황을 '극복할 수 있는지' 여부이다.

말하자면 주식을 매수·매도하는 것은 '상황을 극복하는 것' 보다 중요하지 않다. 시장은 냉정한 곳이다. 시장에서 극복이란 궤변에 의해 정립되고 편집될 수 없다. 시장의 세력 및 시장 특성과 부합하지 않는 투자방침은 손실로 귀결될 것이다. 우리는 오직 우리의 이익을 사실에 최적화시킬 뿐이다.

거래자가 최대한의 성공을 거두기 위해서는 시장에서의 자신의 포지션과 무관하게, 즉 이익이나 손실과 무관하게 시장의 대세에 순응해야 한다. 시장이 하락한다면, 이 거래자는 일 년 전에 산 주식이든 2분 전에 산 주식이든 간에, 이익을 내고 있든 손실을 입고 있든 간에 주식을 팔 것임에 틀림없다.

평범한 거래자가 이러한 결론에 도달하는 데 얼마나 걸리는 지는 그와의 대화를 통해서 금방 알 수 있으며, 투기에 관한 수많은 문헌이 이 개념을 절대 이해할 수 없다는 것 또한 진실이다.

"5포인트 수익을 내셨는데, 이익을 실현하는 것이 좋을 듯합니다." 주식 중개인이 조언한다. 당신이 시장에 대해 아무것도 모른다면 그렇게 할 것이다. 그러나 당신이 시장을 이해한다면 당신이 수익을 실현할 시기는 당신의 매매 포지션과 관계없이 상승 움직임이 절정에 달하는 신호를 보낼 때이다. 이것을 이해한다면 주식 중개인의 조언은 필요 없을 것이다.

"손실을 줄여라, 그러면 당신은 수익을 얻을 수 있다"라는 것이 지혜의 본질이라는 듯 이런 말로 초보자에게 호소한다. 그러나 전반적인 의문은 "어디서 손실을 줄이고 얼마나 수익을 얻을 수 있는가?" 하는 것이다. 바꿔 말하면, 시장이 어떻게 될 것인가 하는 것이다.

당신이 이 질문에 대답할 수 있다면 손실과 수익 모두 관리할 수 있을 것이다. 여기 여러 종목을 거래하는 사람이 있다고 하자. 그는 다른 종목에서 2.5포인트를 손실 보는 동안 유니온 퍼시픽*에서 정확히 7포인트 이익을 기록했다고 자랑한다. 이러한 재정 계산만큼 바보스러운 거래도 없다. 그는 자신의 거래를 시장에 적용하는 대신에, 시장을 자신의 거래에 최적화시키

---

* 미국의 철도회사이자 철도 운송회사. 현재도 존재하고 있으며 상장되어 있다.

주식시장의 심리학

려고 노력하는 중이다.

당신이 어떤 주식 중개인의 사무실에 앉아 있다면 그곳의 대화 대부분이 거래자의 손실이나 이익과 관련되어 있다는 것을 알게 될 것이다. 브라운은 10포인트의 수익을 얻고 나서 거래를 중단하라는 친구의 조언을 받는다. 브라운이 아쉬워하며 "그렇게 생각하다니 대단하군. 스콧!"이라고 말한다. 스콧이 "뭘 원하는 거야? 10포인트 수익에 만족하지 않는 거야?"라고 물어보면 브라운은 이렇게 대답해야 할 것이다. (이렇게 대답하는 사람이 드물긴 하지만 말이다.) "시장이 더 상승한다면 만족 못하지."

거래자가 시장에서 자신의 포지션에 정신을 집중할수록 그의 판단력이 더욱 왜곡되리라는 것은 사실이다. 왜냐하면 그는 자신의 예상과 일치하지 않는 시장 상황이 있을 수도 있다는 고려마저도 할 수 없기 때문이다.

"주식투자를 해서는 작은 수익밖에 남길 수 없습니다."

예전에 주식 중개인이 어떤 고객에게 한 얘기이다.

"그렇지 않으면 매도세에 걸려서 손실을 볼 겁니다. 본인이 만족할 만한 수익이란 절대 없습니다."

이 대화는 주식 중개인과 그의 고객이 시장에 대해 제대로 된 지식을 갖고 있지 않다면 아마도 훌륭한 전략일 수도 있다. 하지만 이는 가장 하찮은 수준의 논리를 원하는 거래자에게나 어울릴 만한 허풍에 불과하다.

당신이 이 허풍대로 투자하게 된다면, 당신은 거의 아무 생각도 없어질 것이다. 다시 말해 당신이 시장에서 한쪽 방향에 자신의 돈을 배팅한다는 단순한 사실로 인해서 당신은 비합리적으로 변하게 될 것이라는 의미이다.

관점을 달리해서 보자. "시장에서 일관성이란 고집이다." 누군가 이런 말을 했다. 그럼에도 강한 의지와 논리적 사고를 가진 사람이 얄팍하고 변덕스러운 관찰자보다 성공하지 못하는 경우는 빈번하다. 얄팍하고 변덕스러운 이들은 바람의 방향이 바뀐다는 의심이 생기면 바람개비처럼 흔들릴 준비가 된 종류의 인간들이다. 이와 같은 전도현상이 생기는 이유는 강한 의지를 가진 인간은 자신이 투자한 기업에서 자신의 판단력과 천성적인 힘을 발휘할 수 없기 때문이다. 그는 해석과 관찰이라는 능력만 가지고 있을 뿐, 투기를 하지는 못한다. 하지만 결국 이 괴짜 인간은 궁극적으로는 더 성공할 것이다. 그는 결국 공정한 태도를 견지하는 수준에 도달하고 자신의 연구 주제를 완전히 터득할 것이기 때문이다.

좀 더 단순한 정신의 소유자들은 시장에서 특정한 포지션을 취한 뒤에 희망적 환상에 사로잡히며, 이 환상에 의해 포지션을 지탱해 나간다. 이런 사람들은 아마도 시장이 약간의 강세장 흐름을 보이면 주식을 매수할 것이다. 주가가 오르면, 그들은 주식 시세 표시기에서 나오는 뉴스에 많은 응원을 보내면서 '강해 보이는 시장'을 이해하며 많은 수익을 기대한다. 이들의 성원에 힘입어 주가가 5포인트 상승하고 나면, 이들은 10포인트 상승을, 그 후에는 15포인트 또는 20포인트 상승을 기대한다.

반대로 주가가 하락하면 '이들'은 "조작", "약세장 세력의 기습" 등을 운운하며 '그들'에게 책임을 전가함과 동시에 빠른 시일 내에 주가가 회복되기를 기대한다. 약세장을 자극하는 뉴스는 주가를 더 하락시키기 위해 악의적으로 만들어진다. 하락은 '단순한 사람들'의 자금을 쑤시고 침탈하면서 시작되는 것이 아니라, '이들'이 다음과 같은 관점에 도달할 때 시작되는 것이다. "'그들'은 이처럼 상승장과 대항해서 주가를 내릴 수 있다. '그들'과 싸워서 무슨 소용이 있겠는가?" 하지만 하락의 홍수가 나타날 때, '이들'은 '그들'처럼 가격을 내릴 수 있다. 이 부분만 보면 '이들'은 '그들'과 비슷한 종류의 사람들이다.

이런 거래자들의 사례는 젊은 시절에 겪을 수 있는 얘기이거나, 확고한 투자관이 결핍되었을 때 발생한다. 또는 두 가지 모두 그 이유에 해당할 수도 있을 것이다. 이들이 수익을 창출할 때까지 계속 존속하려면 우선 엄청나게 연구를 해야 할 것이다. 물론 이들 중 대부분은 시장에서 살아남지 못한다.

이보다 훨씬 지적인 계층은(이들 대부분은 투자자로 보는 것이 적절할 것이다) 시장과 관련된 뉴스 또는 통계적 변화를 접하면 시장에서 자신들의 포지션을 가차 없이 변경한다. 그러나 그들은 가장 중요한 요인, 즉 가격 수준의 변화로 인한 영향에 대해서는 투기자들처럼 편견을 갖지 않는다. 그들은 상황이 개선될 것이라는 기대 속에서 주식을 매수한다. 상황이 개선되면 주가는 오른다. 약세장이 될 것이라는 진지한 뉴스는 전혀 보이질 않는다. 반대로 강세장에 관한 뉴스는 넘쳐난다. 이런 상황하에서 그들은 매도할 이유가 없다.

그러나 매도를 해야 하는 가장 중요한 이유가 이 상황에 있다. 즉, 가격은 개선된 상황을 주가에 반영할 수 있을 만큼 충분히 오른 것이다. 그들이 시장에서 아무런 포지션도 없는, 시장과 무관한 관찰자였다면 이 사실을 제대로 평가할 수 있었을 것이다.

이 투자자 계층이 주가 변동과 시장 간의 상관관계를 혼동하는 중요한 요인 가운데 하나는 강세장이 절정에 이르기 전에 비논리적으로 주가가 높아지는 현상에 대해 이해하지 못하기 때문이다. 이전의 몇몇 경우에서 본 것처럼, 투자자는 아마도 자신이 생각하는 적정 가격에 도달하면 주식을 팔 것이다. 그러나 대중이 시장을 떠나는 시점에서 주식을 보유하기만 했다면 그의 주식은 두 배가 되어 있을 것이다.

이 경우에는 전문적인 투기 지식이 필요하다. 투자자에게 그런 지식이 없고 그런 지식을 가진 사람에게 믿을 만한 조언을 구할 수 없다면, 그는 적당한 수익에 만족해야 하거나, 주가 상승에 동반해 충분한 수익을 창출할 수 있을 것이라는 기대를 포기해야 한다. 하지만 투기의 영향력에 관해 상당한 지식을 갖추고 있고 자신의 정신을 다른 세력의 선전활동에 집중시킬 수 있다면, 그는 단순한 일반 '상식'에 의존해서 투자를 할 때보다 더 큰 수익을 확보할 수 있을 것이다.

투기에 관한 아무런 전문지식도 없이 투자를 할 때는 실수가 발생하는데, 그 실수란 과욕 때문에 주가가 상당히 할인되는 시점까지 자신의 주식을 보유할 때 발생한다.

거래자 1000명 가운데 한 명도 전문가가 되지 못한다. 설령 자신의 판단이 자신의 포지션으로부터 영향력을 전혀 받지 않을 만큼 숙련된 거래자라 할지라도 말이다. 또한 전문가 스스로 취한 포지션의 영향력도 부지불식간에 교묘하게 나타난다. 전문가가 겪는 주요 어려움 중 하나는 자신의 왕성한 상상력으로 인해 자신이 추구하는 것을 보지 못하게 된다는 것이다. 즉,

그는 자신의 포지션에서 수익을 기대하게 된다.

하나의 예를 들면 이 말에 대한 의미가 명확해질 것이다. 전문가들은 시장 약세의 신호로 '구멍'이 출현한다는 것을 경험으로 체득해 왔다. '구멍'의 의미는 시장 상황이 갑자기 또는 예상치 못한 상태에서 주식 매수를 거부하는 현상을 말한다(전문가라면 이때 주식을 팔아야 하지만, 자신의 포지션 때문에 망설이게 된다). 이는 거래가 활발한 인기 주식이 수백 주씩 매물로 나오는데도(이 경우 시장의 정서는 일반적으로 강세장이다) 주식을 매수하려는 사람은 적은 현상을 일컫는다. 가격은 매수자들이 알아차리기도 전에 1포인트씩 또는 1.5포인트씩 빠르게 하락한다. 이 국면에서도 대단히 인기 있는 주식은 예외적이다. 전문가는 시장에 믿을 수 없는 태만이 있을지라도 온화한 주식 매도 정도는 받아낸다는 사실을 잊지 않고 있다. 그는 시장이 '과도한 매수 상태'의 신호를 보내고 있다고 생각한다.

어떤 거래자가 주가 상승이 절정에 달할 것으로 예상해서 공매도를 한다고 가정해 보자. 그는 시장이 과도한 매수 상태라고 생각하지만, 아직 확신하는 것은 아니다. 이런 상황하에서라면 그는 약간의 가격 하락마저도 '구멍'처럼 인식할 것이다. 상황이 달랐다면 약간의 가격 하락에 대해 전혀 생각지 못하거나 눈치 채지 못했을 텐데 말이다. 그는 약세장 전개를 기대하고 있으나, 자신의 기대가 '헛다리짚기'임을 보여줄 위험성이 있는 것이다!

이와 같은 얘기는 주식의 수요 우세 국면과 공급 우세 국면에 적용할 수 있을 것이다. 주가가 가파르게 상승한 뒤에 당신이 매입한 주식의 공급량을 보고 싶어 한다면, 바로 보게 될 것이다. 반면, 당신이 가진 주식을 몽땅 팔고 나서 재매입하려고 할 때 그 반응을 보고 싶어 한다면, 또한 수많은 반응의 징후를 볼 수 있을 것이다. 월스트리트에는 이런 속담이 있다. "재매수를 원하는 사람에게 매도할 주식이 없을 만큼 주식이 부족한 경우는 없다."

소위 시장에 관한 '기술적 연구'는 이중적인 의미로 해석된다. 시장에서 발생하는 다양한 지표는 거의 한결같이 대칭적이다. 어떤 상황에서도 두 가지 관점으로 해석될 수 있다는 의미이다. 시장에 중립적인 거래자가 있다면, 그는 시장 대응방침이 명확해질 때까지 관망하는 것이 현명하다고 생각할 것이다.

이런 가정하에서 당신은 불변의 법칙을 발견할 수 있다. 그 거래자가 자신이 관망하기 전까지 매수 포지션이었다면 기술적 분석을 강세로 해석할 것이고, 마찬가지로 매도 포지션이었다면 명백히 같은 지표를 보고서도 약세로 해석할 것이다. 우스운 이야기이지만 사실이다.

포지션의 방향에 의해 영향을 받는 '판단'에 관한 문제는 "그건 안 돼"라는 단어를 제외하면, 건설적이면서도 실질적으로 유용한 법칙으로 활용될 수 있을지도 모른다. 그러나 투자자와 투기자가 자신이 편견을 가진 관찰자임을 깨닫는다면, 그는 진일보하는 것이다. 왜냐하면 이 깨달음이 그로 하여금 무언가에 맹신하는 것을 방지하기 때문이다. 그럼에도 불구하고, 그 순간 그가 '판단'이라고 부르는 '지적인 판단'은 결국 탐욕의 강한 충동으로 판명될 뿐이다.

바닥 국면에서 매도하고 절정 국면에서 매수하는 위대한 대중의 행태가 반복되는 현상은 주식시장에 관한 글을 쓰는 작가들에게 자주 관찰되어 왔다. 주식시장에서는 성공할 수도 있고, 그들의 게임에서 여러 백만장자를 패배시킬 수도 있을 것이다. 단순히 대중이 팔고 싶을 때 사고, 사고 싶을 때 파는 것을 통해서 말이다.

평판으로 미루어 보건대 톰 로슨(Tom Lawson)은 자신의 전성기 때 일종의 몽상을 하고 있었던 것처럼 보인다. 그의 몽상이란 대중의 주식 매도가 스탠더드 오일의 자본가를 지원하게된다는 것이었다. 즉, 자본가들이 대중으로부터 매입한 주식을 많이 쌓아놓고 순간적으로 매도를 함으로써 시장을 좌우한다는 공상이었다. 확실히 그는 박애주의자였던 것으로 보이며,

주식시장의 심리학

시장에서 처음으로 적절하게 공매도를 한 사람이 아닐까 생각된다.

어쩐지 대중의 완고함은 예전만큼 심한 것 같지는 않다. 많은 소액 투자자들이 영리하게 매매를 하고 있으며, 그중 일부는 뉴욕 증권거래소의 투기 거래자가 되기도 한다. 뉴욕 증권거래소는 모든 투기자에게 더 큰 만족감을 주는 곳이다. 예전에 그런 일을 담당했었던 주식 중개인들을 제외하고는 말이다.

그럼에도 시장이 가장 강해 보일 때는 거의 절정인 것처럼 여겨지고 가격이 수직으로 하락해서 제로 포인트로 보일 때는 거의 바닥인 것처럼 여겨진다는 것은 변함없는 진실이다. 투자자에게 실용적인 방법은 다음과 같은 국면에서 이런 원칙을 적용하는 것이다. 강세장의 정서가 시장에 가장 광범위하게 만연한 순간에는 매도를 준비하고, 대중이 가장 낙담한 것으로 보일 때는 매수를 준비하는 것이다. 투자자가 포지션을 취하기 전에 이 원칙을 명심하는 것은 이익을 확정하는 데 특별히 중요하다. 그렇게 함으로써 자신의 이익은 현재 가격의 흐름과 동일해지기 때문이다.

시장 심리에 관해 연구하는 투자자 및 거래자는 이 책을 읽는 것으로 충분하다. 적어도 자기 자신을 전도시킴으로써 수익을 놓치지는 않을 것이다. 설사 수익을 놓치는 일이 생길지라도,

이 책의 독자는 고립되고 편견으로 가득 찬 분위기 속에서 자신을 지탱하려는 노력을 할 수 있을 것이고, 군중 심리에 대해 연구하는 기회를 가질 수 있을 것이며, 특히 가격 변동에 따른 군중의 심리를 명확히 밝힐 수 있을 것이다.

제6장

공황과 활황

공황(恐慌)과 활황(活況)은 명백한 심리적 현상으로 볼 수 밖에 없다. 이 말은 펀더멘털이 주가의 급등이나 급락과 관계가 없다는 의미는 아니다. 그러나 공황이라는 말은 일반적으로 자산 고갈이 수반되는 정신적 흥분으로 인해 주식이 기본적인 내재가치보다 더 크게 하락하는 것을 말한다. 반면에 활황이라는 용어는 과도하고 광범위한 투기적 상승을 의미하는 데 사용된다.

공황과 활황에 결부된 몇 가지 특징은 분리해서 생각해 볼 필요가 있다. 많은 투자자들의 정신을 지배하는 공황에 대해 투자자들 자신이 갖는 두려움은 실제로 놀라운 수준이다. 1907년 발생한 사건에 대한 기억은 그때부터 지금에 이르기까지 투기적 거래량을 크게 감소시키는 결과를 가져왔다. 이와 유사한 정도의 공황이 미국 역사를 통틀어 몇 번 있었는데, 그러한 돌발 상황이 한 달 동안 몇 번 발생할 가능성은 회사 파산에 의한 통상적인 투자손실 가능성보다 더 적다. 그런데도 아직도 사람들은 주식 매수를 고려할 때마다 공황의 망령을 마음속에 떠올린다.

그 당시를 경험한 투자자는 이처럼 말할 것이다. "시장에는 강력한 매수 세력이 있는 것으로 파악되었지만, 1907년 주식이 팔려나갈 당시의 가격은 70달러였던 것으로 기억합니다."

간혹 공황 상황하에서 나타나는 저가 매도는 공포심으로 인한 갑작스러운 발작 때문인 것으로 추정된다. 어떤 측면에서 보면 공포감을 구성하는 요소는 주가가 절정에 달했을 때 작동하기 시작한다. 일부 신중한 투자자들은 활황이 과도한 상황임을 파악하고, 가격을 상승시키기 위해서 실행하는 과도한 투기 다음에 틀림없이 재앙적인 하락이 온다는 점에서 공포심을 갖게 된다. 이런 느낌 때문에 그들은 주식을 매도한다.

그 다음의 하락기간은 1년 또는 그 이상 지속될 것이다. 사람들은 점점 더 경제·금융 상황을 착잡하게 느끼기 시작하고, 자신들의 주식을 처분하게 된다. 경계심과 공포심은 점차 퍼지고 이러한 파동 내에서 증감을 반복하는 양상이 전개된다. 그러나 공포심이 연속적으로 팽창하는 일은 거의 없다. 공황은 갑작스럽게 전개되는 것이 아니라, 오랫동안 축적된 요인의 결과로 나타나는 것이다.

공황의 실제 바닥권 가격은 공포심에서 비롯되었다기보다는 필연적인 귀결로 보인다. 투자자들은 주식을 보유하는 것을

주식시장의 심리학

두려워하여 활황이 오기 전에 자신들의 주식을 처분할 것이다. 가장 낮은 가격이 형성되는 것은 대체로 자산 가격이 폭락한 투자자들이 매도를 할 때이다. 그들 대부분은 기습을 당한 것이다. 그들이 경험을 가지고 있었다면 주식을 보유하는 데 필요한 자금을 모았을 테지만, 그들은 경험이 없다. 주식시장에서는 "경험은 매매의 본질"이라는 말이 있다. 그들이 소유하지 못한 것은 바로 경험이다.

공황 시기에 손실을 입는 가장 큰 원인은 투자자가 자신의 자금을 충분히 현금화하는 데 실패했기 때문이다. 그는 다양한 사업에 속박되어 상황을 빨리 깨닫지 못한 것이다. 그가 많은 재산을 보유하고 있는지는 모르겠지만, 현재 그는 돈이 준비되어 있지 않다. 바꿔 말한다면, 그는 너무 많은 노력(탐욕, 서두름, 과도한 야망, 미래에 대한 낙관적 시각 일색)으로 인해 목적을 달성할 수 없는 것이다.

거의 모든 사람이 주가가 충분히 하락했다고 판단하는 시점이더라도 주가가 지속해서 추가 하락하는 국면을 포함하는 기간 전체를 '공황 기간'으로 정의한다는 것은 중요하다. 많은 투자자들이 바닥 부근이라고 판단해서 '많은 주식을 장전'하고 좋은 결과를 기대한다. 그 결과는 그들이 바닥으로 판단한 것이 '진짜 바닥'이 아님을 깨닫게 되는 것이다. 그들은 결국 시장이 하락함에 따라 주식을 던지지 않을 수 없게 된다.

앞에서 언급했듯이, 이런 현상이 생기는 이유는 궁극적인 최저가라는 것이 투자자의 중론에 의해서가 아니라 필연적 상황에 의해 발생하기 때문이다. 예를 들면, 1907년의 주식투매는 펀더멘털에도 미치지 못하는 가격으로 이루어졌다는 것을 모두가 잘 알고 있었다. 문제는 투자자들이 매수할 돈이 없었다는 것이다.

여기서 얻을 수 있는 교훈은 하락장이 길어진다는 것이 매수의 충분한 근거가 될 수는 없다는 것이다. 이런 상황에서 해결책은 현금성 자산을 축적하는 것뿐이다. 이를 가장 빠르게 증명할 수 있는 것은 은행*의 재정 상태이다. 공황 국면에서 하락의 마지막 국면은 대중의 여론이나 공포 때문에 야기되는 것이 아니라, 가용 자금이 절대적으로 고갈되는 데서 그 원인을 찾을 수 있다. 그다음에 오는 회복 초기 국면은 명백한 근거조차 없이 나타난다.

거래자들은 "공황은 끝났지만 이런 약세장이 지속되는 한 주가는 오를 수 없다"라고 말한다. 그러나 주가는 오를 수밖에

* 예금·대출을 주 업무로 하는 상업은행 개념이라기보다는 투자은행을 지칭하는 것이다.

주식시장의 심리학

없다. 왜냐하면 이는 직물상이 '점포 정리 고별 판매'를 하는 것처럼 마구 던져졌던 주식이 기본적인 내재가치 수준을 회복하는 과정에 불과하기 때문이다. '공포'라는 단어는 주식시장 심리에 대한 논의과정에서 지나치게 혹사되어 온 것 같다. 사실 공포라는 감정에 의해 직접적인 영향을 받아 주식을 파는 사람은 극소수이다. 그러나 매도하고자 하는 감정이 매우 강하다거나 주가 하락에 대한 확고한 믿음이 있다는 것은 그 자체만으로 공포의 수정된 형태이다. 가격이 관련되는 한, 그 결과와 성과는 공포에 의한 매도와 마찬가지로 나타나기 마련이다.

공황 국면에서 이러한 공포심과 경계심이 발휘하는 효과는 주식 매도를 유발하는 것에 국한되지 않는다. 이보다 더 중요한 효과는 매수세를 억제한다는 점이다. 주주들에게 실질적인 매도를 유발하는 불안감을 완화시키는 것보다는 매수를 미루려는 투자자들의 불안감을 경감시키는 것이 우선적으로 필요하다. 이런 이유 때문에, 공황기 시장에서는 적은 물량의 급매물이 매도 세력의 크기와 관계없이 하락을 초래한다. 매도 수량은 적겠지만 아무도 그 주식을 사려 하지 않는 것이다.

이러한 요인은 공황 국면 이후 자주 나타나는 빠른 회복을 설명해 준다. 투자자들이 기다리는 이유는 침체된 시장 전면으로 전진하는 것을 두려워하기 때문이다. 그러나 일단 시장에서 반전이 나타나면, 투자자들은 주식을 매수하기 위해 다투게 된다.

활황은 많은 점에서 공황이 전도된 현상이라 할 수 있다. 공포심이 증가하고 만연되어 마지막 폭락에 이르렀던 것처럼 확신과 열광이 사람들 간에 재생산되어 점점 넓게 퍼지면 수천 명의 사람들이 일종의 흥분의 도가니에 이르게 된다. 이 사람들은 대부분 비교적 젊거나 경험이 없는 사람들로, 상승 기간 동안 '큰돈'을 벌어들이기도 한다.

이와 같은 가상의 백만장자들은 지속적인 강세장 동안 소규모 군중 내에 나타나지만, 주가가 하락하자마자 그들의 날개는 추락한다. 이러한 투기자들은 어떤 면에서도 책임이 없다. 주가 상승으로 그토록 신속하게 돈을 벌 수 있었던 것은 바로 이 무책임 때문이었다. 신중한 사람은 강세장에서 오직 적당한 수익만 얻는다. 상승장에서 가장 큰 이익을 내는 사람은 '적은 자금'으로 거래하는 사람이다.

벼락치기로 돈이 모이는 때는 시장이 '무분별한 정신의 소유자들'에게 일시적으로 점령당한 시기로, 그 시기 동안에는 아무렇게나 투자를 하더라도 시장에서 수익을 얻을 수 있다. 또한 주가가 이미 충분히 오른 이후에도 주가를 더 올리기 위한 매수세가 있기 마련이다. 주가가 상당 폭 하락하고 나서 공황 국면에서 가격이 더 하락할 때에도 매도세가 있는 것처럼 말이다.

한편 주가가 일정 수준 이상인 시점에서는 시의 적절한 공매도 주식이 나타나기 시작한다. 이런 공매도는 적절하지만 타이밍이 너무 빠르다. 전정한 강세장에서는 거의 예외 없이 추가 상승을 예측한 환매수가 있기 마련이다. 물론 이런 관점은 상식적으로 볼 때 불합리한 면이 있다. 단기 매매이익을 추구하는 세력들의 소요는 분별력 있고 빈틈없는 공매도 투자자를 일시적으로 도망치도록 몰아친다.

더욱 폭넓게 만연된 심리적 영향력은 강세장을 무분별한 신고가 시장으로 인도하는 역할을 수행한다. 시장의 상태가 이 정도에 이르면, 모든 업종에서 주가 상승이 수반된다. 이러한 주가 상승은 항상 투자자의 마음속에서 지금의 수익보다 더 수지맞을 수 있음직한 다양한 종목에 대해 막연한 느낌을 갖도록 한다.

막연한 느낌이 잘못되었다는 것은 보유 중인 주식 가격을 보면 알게 될 것이다. 예를 들어, 1909년 1월에 1만 달러 상당의 상품을 보유한 도매 식료품 상인이 있다고 가정하자. 그 당시 브래드스트리트의 상품 지수는 8.26을 기록하고 있었다. 1910년 1월에 브래드스트리트 지수는 9.23이 되었다. 이 상인이 보유한 식료품을 포함한 다양한 품목 가격이 브래드스트리트의 상장 품목과 같은 비율로 증가했다면, 또한 그 식료품상이 정확히 같은 상품을 보유하고 있었다면 1910년 1월 그가 보유한 상품의 평가액은 1만 1168달러일 것이다.

그는 어떠한 예상도 하지 않았고 아무런 노력도 없이 1년 동안 1168달러의 추가적인 평가 이익을 창출한 것이다. 하지만 이는 명백하긴 하나 실제적이지는 않다. 왜냐하면 이는 1909년 1월에는 1만 달러로 살 수 있었던 것을 1910년 1월에 1만 1168달러로 사는 것이나 마찬가지이기 때문이다. 그가 실제로 더 부유해졌다고 생각한다면 그는 속고 있는 것이다. 이런 잘못된 추론은 모든 인생 여정과 모든 사업 분야에서 점진적인 투기와 사치의 증가를 유도한다.

착각의 효과는 가격이 올랐다는 사실 때문에 부가 증가했다고 느끼는 것인데, 이것은 인플레이션 그 자체보다 훨씬 의미심장한 얘기이다. 예를 들어보자. 우리의 식료품 상인은 자동차를 사기 위해 1168달러를 지출하기로 결심한다. 이 결심은 자동차업체를 돕는 것이다. 유사한 수백 건의 주문이 자동차 회사의 공장을 확대시킬 것이다. 공장의 확대는 광범위한 원자재 구매로 이어지고 고용도 증가한다. 수요 증가는 모든 산업 분야에서 비슷한 양상으로 전개된다. 만일 그 밖의 다른 상황도 수요 증가에 우호적이라면 가격은 훨씬 더 오를 것이다. 이 때부터 식료품 상인은 다음해 말경에 또 다른 허구적 이익을 얻을 것으로 기대하기 때문에 집 확장 공사 또는 새로운 가구 등에 돈을 지출할 것이다.

주식시장은 이러한 호경기와 더 높아질 가격을 이미 반영하고 있음을 자각하고 있다. 그러나 이 모든 것은 심리적인 것일 뿐이며, 조만간 우리의 식료품 상인은 자동차와 가구에 지불해야 할 고통스러운 금액을 위해서, 그리고 절약의 생활화를 위해서 열심히 일하고 저축하고 벌어야 할 것이다.

주가 상승과 상품가격 상승은 반복해서 상호작용을 한다. 게다가 식료품 상인의 가상 이익 1168달러는 10%가 넘는 수익률이다. 자본가가 10% 이익을 확정 지은 것처럼, 그는 다양하게 투자한 증권의 상승에 고무되어 훨씬 더 큰 비용을 지출할 것이다. 주식시장의 상승은 그의 가족의 소비를 증가시킬 것이고, 종업원 추가 고용을 가능케 할 것이며, 그의 잡화 구매를 증대시킬 것이다. 이런 식으로 확신과 열광의 감정은 연못에 던져진 돌멩이가 파문을 일으키듯이 차츰차츰 멀리 퍼져가게 된다. 그리고 이러한 상황 전개는 주식시장의 지표로서 시장에 충실하게 반영된다.

1902년과 1906년에 일어난 상황은 믿을 수 없을 정도로 주가가 높았고 열광적인 매매가 성행했음을 보여준다. 이러한 매매는 직간접적으로 대부분 추적*이 가능한 단기 매매 형태였다. 돈의 가치가 마치 감자나 철이 가열되어 변하듯이 가변적으로 움직이는 동안, 사람들은 항상 돈으로 모든 것을 측정했으며, 이익이 실현되지도 않은 돈을 완전히 확정적이라고 생각하는 일들이 벌어지곤 했었다. 여기서 우리는 밀에 대한 돈의 가치를 계산하는 데는 익숙하지만, 돈에 대한 밀의 가치를 계산하려면 두통이 생긴다는 것을 알 수 있다.

이와 같은 허구적인 상황이 산산조각나기 시작하는 시점은 주식시장의 자체적인 조정기능이 실행될 때이다. 일반적인 경기는 활황을 지속하는 한편, 주식시장은 첫 번째 하락을 감행한다. 그때가 되면 '월스트리트의 돈 먹는 상어들'은 대중들로부터 격렬한 저주를 받으며, 대중들 사이에서는 주식을 땅에 던져버리려는 욕구가 팽배해진다. 주식시장은 주가가 상승하지 못한다면 자신의 인기를 결코 되찾지 못할 것임을 알고 있음에도 불구하고, 훨씬 더 큰 폭으로 하락한다. 궁극적으로는 국

---

* 저자는 추적의 주체를 밝히지 않았으나, 의미상 '그들'이 생략된 것으로 보인다. 왜냐하면 당시의 증권거래체계에서 누가 무슨 주식을 가지고 있으며 얼마나 매매했는지 알아보는 것은 '그들'에게 너무 쉬운 일이었기 때문이다. 현재도 투자자의 거래내역 및 정보를 찾아보고 검토할 수 있는 직위에 있는 사람들은 많다.

가의 복지를 촉진하기 위해서인데, 왜냐하면 일반적인 경기 순환에서 결국은 올 수밖에 없는 경기 폭락을 완화하는 데 주식시장이 봉사하는 것이고, 우리가 경제 붕괴에 대비하도록 하기 위해 이 문제에 대해 사전에 경고하는 것이기 때문이다.

일반적으로 공황 국면이 끝나는 시점을 파악하는 것보다 활황이 끝나는 시점을 간파하는 것이 더 어렵다. 그럼에도 이 원칙은 너무나 단순하다. 공황 국면이 끝난 후에는 시장을 상승시키기 위해 많은 유동성 자금이 공급된다. 마찬가지로 활황장세의 종말은 유동성 자금이 고갈될 때 초래된다. 자금 고갈은 미수금 증가, 대출 규모 증가, 상업어음 발행의 지속적인 증가세를 보면 알 수 있다.

제7장

충동적인 투자자
대
침착한 투자자

시장을 관찰해 본 사람은 일반적으로 투기활동을 하는 사람들에는 두 가지 부류가 있다는 것을 알게 된다. 이 두 부류는 '충동적인 투자자'와 '침착한 투자자' 정도로 명명될 수 있을 것이다.

예를 들면, 충동적인 투자자는 이렇게 말한다. "펀더멘털과 기술적 분석으로 볼 때 주가는 확실히 더 오를 거야. 지금은 주식 매수 타이밍이야." 그는 이런 결론에 도달함과 동시에 매수에 착수한다. 그는 바닥권에서는 매수 타이밍을 저울질하려 하지 않으며, 추가 상승을 예상한다면 상투권에서도 기꺼이 매수를 감행한다. 그는 시장 상황이 약세로 기울 것이라고 판단하거나 이전의 상황보다 주가에서 과도한 할인현상이 발생하면 주식을 내다팔 것이다.

반대로 침착한 유형의 투자자는 상승세이기 때문에 매수해야 한다는 논리에 거의 동의하지 않는다. 그는 "주가란 종종 시장 상황과는 상반되게 — 적어도 내게 보이는 시장 상황과는 상반되게 — 몇 포인트씩 움직이는 일이 빈번하다"라고 논한다. "나로서는 이러한 상반된 움직임을 이용하는 것이 분별력이다."

그러므로 주식을 매수할 시점이라고 판단하면 상황을 고려하여 매수 주문을 한다.

"주가는 현재 가격보다 오를 것으로 보이지만, 나는 점쟁이가 아니다. 지금 내가 향유하는 강세장과 같은 느낌을 과거에도 감지했을 때, 주가는 종종 3포인트씩 내려가곤 했다. 그래서 나는 3포인트 하락을 고려해서 매번의 매수 주문 시 0.5포인트 낮춰서 주문할 것이다. 투기자들은 열광적인 무리라서, 지나가는 미풍이 그들에게 몇 포인트의 일시적인 하락을 불러일으킨다는 것을 모르고 있다."

거대한 자본가 세력들 중에서도 은행세력은 '침착한 투자자' 유형으로서 단연 돋보인다. 은행 세력은 시세를 면밀히 관찰할 준비도 하지 않고 그럴 시간도 없다. 또한 주가의 작은 변동을 예견하기 위한 어떠한 기술도 발휘하지 않는다. 그럼에도 불구하고 그들은 가격 변동이 발생하면 그 변동을 이용할 만반의 준비가 되어 있다. 그리고 상황에 따라 매수와 매도를 함으로써 많은 돈을 벌 수 있다. 이것은 풍부한 자금이 있기 때문에 가능한 일이다.

사실을 말하자면, 시장은 대개 주문이 꽉 차 있는 경우가 많다. 매일 그러한 주문을 취급한다는 것과 주문의 내용을 알고 있다는 것은 시장의 경향과 기술적 매매 포지션을 판단하는 데 결정적으로 유용하다.

앞에서 기술한 투자자의 두 가지 유형은 항상 서로 상반되는 형태로 매매를 한다. '충동적인' 거래자의 매수·매도는 가격을 상하로 몰아가는 경향이 있는 반면에, '침착한' 부류의 '스케일 오더(scale orders, 등급주문)''는 어떠한 시세 변동도 무시하는 경향이 있다.

예를 들어, 은행세력이 시장의 전반적인 기조가 얼마간 상승세일 것이고 시장의 제반 여건이 견고하다고 판단했다고 가정해 보자. 그런 까닭에 다양한 사람들이 매수한 주식은 1포인트 또는 0.5포인트, 0.25포인트, 심지어 8포인트까지 떨어진다.

한편 거래를 활발하게 하는 거래소 거래자는 부분적·일시적으로 불리한 상황이 전개되기 때문에 다음 국면이 약세장이 될 것으로 판단한다. 그리고 그들은 '스케일 오더'의 존재를 인식하고 있기에 '스케일 오더'에 응하기 위해, 그리고 은행세력에게 결정권을 남겨놓기 위해 하락 국면에서 '충동적인 투자자'들의 주식이 많이 나오도록 도모할 것이다.

달리 말하면, 이는 단기 매매 거래자들이 자기들끼리 기분

• 저자는 주문 주체의 능력을 이와 같이 표현한다.

좋게 거래한다는 의미라기보다는, 하락 시점에 '충동적인 투자자'들의 유동성 주식 물량의 공급이 확대된다는 의미이다. 시장은 현재 가격의 기초가 되는 '스케일 오더'가 '충동적인 투자자'의 유동성 주식 공급을 은밀히 흡수할 때까지 하락할 것이 틀림없다.

　이런 양상은 통상적으로 '반발'이라 불리는 것을 생산해 낸다. 일단 잉여 유동성의 주식 공급이 '표리부동 주문'에 의해 흡수되면 시장은 다시 상승 채비를 하는 것이다. 이렇게 형성된 상승 추세는 '반발' 국면에서 직면하는 저항세력보다 현저히 미미한 저항세력과 마주한다. 따라서 주가는 신고가 대역으로 올라간다. 이때에는 제한된 주문 또는 '스케일 오더'로 이익을 실현하는 매물이 다양한 가격대에 분포함으로써 매물이 일시에 쏟아지지는 않는다. 그리고 시장이 상승함에 따라 유동성 주식 공급은 점차 증가한다. 유동성 주식 공급의 증가는 또 다른 '반발'이 필요해지며 시장이 다시 난감해질 때까지 계속될 것이다.

　결국 상승 중인 주가가 일정 수준에 도달하거나 상황 변화가 나타난다는 것은 '매수 스케일 오더'를 부분적으로 또는 완전히 철회한다는 것이자, 매수 스케일 오더가 점차 매도 주문으로 대체된다는 것을 의미한다. 이러한 변화가 생기면 강세장은 더 이상 진행되지 못한다. 이리하여 상승보다는 하락세를 형성하는 데 유리한 여건이 마련된다. 그러면 시장 상황은 전술한 내용과 반대가 되며, 약세장이 도래한다.

통상적으로 '매수 스케일 오더'가 침체장에서 발견될 때부터 최고가에 이르기까지는 상당한 시간이 소요된다. 그러나 '매수 스케일 오더'의 이익 실현 또한 상승장에서 발생한다. 이 시기에는 비교적 좁은 범위 내에서 한 달 이상 소폭의 가격 변동이 이루어진다. 사실 대중의 매도세보다 매수세가 더 강하게 지속되는 한, 이러한 소폭의 변동은 유지될 것이다. 이런 양상은 '분산 국면'으로도 불린다. 이와 유사한 '매집 국면'도 있는데, 매집 국면은 약세장이 진행된 후 중요한 상승세가 나타나기 전에 종종 발생한다.

숙련된 거래자는 매매를 정밀하게 분석하거나 몇몇 신문에 게재된 지속적인 시세를 연구함으로써 가장 주목할 만한 '스케일 오더'가 언제 철회되거나 취소되는지를 파악할 수 있다.

'대규모 매수 주문'으로 가득 찬 강세장은 하락할 때면 이른바 지지 세력을 만나게 된다. 바로 매도 세력이다. 매도 세력은 자신들의 주식을 강세장에서 계속해서 떠넘길 것이기 때문에 가격을 하락세로 몰아가는 것을 두려워한다. 그들이 주식을 떠넘기고 나서는 "하락기에는 매물로 나올 만한 주식이 거의 없

다"라고 선전한다. 시장이 하락하는 시기에는 이를 방해하려
는 어떠한 신중함도, 매매 흥행 쇼도 존재하지 않는다. 그 결과
가격은 하락하게 된다.

강세장이 끝날 무렵에는 변화가 눈에 띄게 나타난다. 주가가
쉽게 하락하거나 거래량이 크게 늘어나는 반면에, 상승세가 느
려지고 충분히 상승한 매물에는 매수 세력이 몰린다. '대규모
매수 주문'이 종종 철회되기도 한다.

약세장에서는 '지지' 대신에 '압력'이 나타난다. '스케일 오
더'는 대체로 상승기에 주식을 판다. 그러므로 전체적인 관점
에서 보면, 소규모의 매수 추종자만이 상승기에 이익을 얻을
수 있다. 약세장의 말미는 '지지'가 재출현하고 '압력'이 제거
되는 것으로 나타난다. 그 결과 주가는 빠르고 가파르게 침체
장을 탈출한다.

'개인 투자자들'이 '지지'와 '압력'의 주인공이라는 것이 일
반적인 추론이다. 그러나 이러한 추론은 전적으로 '충동적' 매
매를 하지 않는 정신의 소유자들로부터 그 원인을 찾을 수 있으
며, 이는 수백 명의 상이한 사람들로 구성된 '대규모 주문 작업'
의 결과이다.

주식시장의 심리학

제8장

투자자의
마음가짐

투 기적 시장에서 나타나는 기이한 현상은, 통상적인 조작에 의한 것이 아니라면, 대부분 주식시장을 둘러싼 특유의 심리적 상황 때문이라는 사실을 앞에서 보아왔다. 특히 모든 변덕의 총합보다 더 변덕스러운 가격 변동은 거래자들이 투기적 노력을 기한 결과이다. 그들이 야기하는 투기적 노력이란 사실에 기초하지 않는 것이자, 실제 가격에 대해 스스로 판단하지 않는 것이자, 자신들이 믿고 있는 바가 실제 일어날 수 있다고 생각하는 것이자, 다른 거래자들의 마음속에 있는 소문을 믿는 것이다. 이러한 정신자세는 광범위한 추측을 만들어내며, 이 추측은 사실 또는 상식의 명확한 한계를 완전히 뛰어넘는다.

게다가 시장에서 다른 사람들이 취하고자 하는 포지션을 기반으로 자신의 포지션을 취하라는 주장은 어리석고 잘못된 태도이다. 이런 태도는 아직 경험이 없는 사람들을 혼동시키며, 이런 계획을 처음으로 실행하려는 사람에게는 거의 확실히 불행을 초래할 것이다. 그러나 경험자에게는 이것이 성공의 비결이 된다. 물론 결코 확실한 방법은 아니다. 어린아이가 처음으로 날카로운 도구를 사용할 때에는 피가 나겠지만, 전문가라면 같은 도구를 사용해서 절묘한 조각품을 만들어 낼 것이다.

그렇다면 현명한 사람이라면 증권을 매수·매도하는 데서 어떤 정신자세가 필요한 것일까?

많은 이익을 위해서 주식을 보유하고 분명히 돈을 위해서 매수하는 '매수 포지션 투자자'는 자신의 전도된 추론 과정을 조심하고 대중의 변덕스러운 감정에 휘둘리지 않으면 된다. 매수 포지션 투자자는 '사실과 가격'을 주의 깊게 관찰한다면 최상의 결과를 얻게 될 것이다. 자신이 보유하고 있는 주식의 수익 창출력, 현재 주가, 투자한 주식에 영향을 미칠 수 있는 정치적 상황 추이, 그리고 이 세 가지 요인에 따른 상황과 현재 가격 간의 상관관계를 고려하는 것이다. 이 명제들은 가장 중요한 정신의 양식으로 작용한다.

매수 포지션 투자자는 '그들'이 다음에 무엇을 할 것인지를 추측하기 시작하면 삼천포로 빠지게 된다. 또한 이러이러한 영향이 여차여차한 결과를 야기해서 투자자들의 감정을 동요시키는 상황을 숙고하기 시작하면 자신의 포지션을 매도로 전환시키는 것과 다름없게 되며 "상식으로 돌아가라"라고 자신에게 엄격하게 명령할 수 없게 된다.

왕성하게 활동하는 거래자는 상황이 다르다. 그는 펀더멘털이나 주식의 내재가치에는 전혀 관심이 없으며, 그의 지상 목표는 "시류에 따르자"라는 것이다. 이것은 자신의 매매활동을 다른 이들의 행동과 생각에 크게 의존하는 것을 의미한다. 그러므로 자신의 정신자세가 가장 중요한 성공 요인이다.

무엇보다 거래자는 추론에 대해 낙관주의자여야 한다. 시장의 얄팍한 비관주의적인 습관만큼 혹독한 불행도 없다. 이런 정신의 소유자는 가격 움직임의 이면에 숨어 있는 가격보다 강력한 힘을 파악할 능력이 없으며, 인생은 살 만한 가치가 있다는 매우 중요한 명제를 냉소적으로 불신하거나 피난처로 도망갈 수도 없는 낙천가이다.

그러나 주식투자의 본질로 인해서 낙관주의는 여타의 사업 분야에서의 성공 요인과는 다른 특성을 가질 수밖에 없다. 일반적으로 낙관주의는 적극적인 확신과 희망에 대한 항구적인 장려, 너는 정당하며 너의 목표를 성취할 수 있을 것이라는 확실한 결심을 포함하고 있다. 그러나 당신의 이러한 낙관주의적 사고를 주식시장에 적용한다면 시장에서 당신은 원하는 것을 얻을 수 없다. '새로운 사고방식'이 주식시장에 전적으로 적용될 수 없는 근거를 살펴보자.

시장에서 당신은 단지 조류 위에 떠 있는 나무토막에 불과하다. 그렇다면 주식시장에서의 낙관주의라는 것은, 조류가 당신의 의도대로 지속적으로 흘러갈 것이라는 믿음으로 구성되는 것이 아니라, 조류가 흘러가는 대로 나 자신을 맡겨둬야 성공할 것이라는 믿음으로 구성되어야 한다. 어떤 의미에서는 당신의 낙관주의는 의지가 아니라 지성이 되어야 하는 것이다. 판단력에 기초한 낙관주의는 일관성을 지니게 된다.

거의 모든 분야에서는 성공하기 위한 덕목으로 열정을 든다. 그러나 주식시장에서 성공하기 위해서는 절대로 당신의 열정을 이용해서는 안 된다. 당신이 시장에서 열정적으로 되자마자 당신의 추론 능력은 당신의 믿음과 소망에 종속된다.

당신이 강세장의 최대 선도 세력이 아닌 한, 열정만으로는 다른 사람들을 당신의 의도대로 움직이도록 하지 못한다. 만일 당신이 정신을 명석하게 유지하길 원한다면, 산에 있는 호수의 표면처럼 침착하고 평온해져야 한다. 열정, 공포, 분노, 우울 같은 감정은 지성을 흐리게 할 뿐이다.

거래자들 사이에서 통용되는 격언 중에 거래자는 일관성을 고수하지 말아야 한다는 권고가 있다. 여기서 추정할 수 있는 것은 투기적 거래자는 의식적으로 매매횟수를 줄이려는 의지가 없다는 것이다. 따라서 투기적 거래자는 시세가 이미 한쪽 방향으로 흘러가고 있음에도 불구하고, 상승과 하락에 대한 자신의 예상을 변덕스럽게 바꾸어 잦은 매매를 함으로써 곤경을 야기한다.

문제는 이들이 한편으로는 시장의 반전이 나타날 때까지 지속성, 일관성, 명확한 계획을 추구하다가도 다른 한편으로는 그 고집의 결과가 잘못된 것으로 판명될 수밖에 없는 포지션에 집착한다는 것이다. 이러한 심리적 변덕은 빈번한 매매로 이어질 수밖에 없다.

만일 거래자가 시장을 하루 정도 잊을 수 있거나, 시장에 대한 생각에서 강제로 벗어났다가 정화된 정신으로 시장에 돌아올 수 있다면, 그때는 자신의 고집스러움이 유죄임을 총명하게 증명할 수 있을 것이고, 그로부터 자신을 해방시킬 수 있을 것이다. 따라서 때때로 며칠 동안 시장에서 벗어날 필요가 있으며, 아무런 포지션도 취하지 않을 필요가 있다.

가장 공통적인 실수 중 하나는 시장에 대한 자신의 견해를 가지게 되는 데서 비롯된다. 그 이유는 거래자가 전체적인 시장 상황에 대해 폭넓은 시야를 갖지 못하거나, 그런 견해를 가질 만한 능력이 없기 때문이다.

일반적으로 가격을 지배하는 복잡한 조건들 중에서 일부 특정한 요소만 거래자에게 호소력을 갖기 때문에 그는 그 부분만 시장에 영향을 미칠 것이라고 확신하게 된다. 그리고 그는 자신이 파악한 유일한 관념을 따르게 된다. 그의 견해가 전적으로 옳을 수도 있지만, 다른 상쇄적인 요인이 그 견해의 당연한 영향력을 희석시킬 수도 있다.

당신은 이러한 견해를 매일 거리에서 마주친다. 당신이 매우 보수적인 사람을 만나서 그에게 시장 상황에 대해 어떻게 생각하는지 물어본다면 아마도 그는 이렇게 대답할 것이다. "나는 좌파적인 기운이 매우 빠르게 확산되고 있다는 점에 놀랐습니다." 이어서 그는 이렇게 반문할 것이다. "어느 순간에 사회주의적인 입법이 통과되어 기업 이익이 사라져 버린다면, 어떻게 우리가 투자한 기업에서 수익을 키울 수 있기를 기대하겠습니까?"

당신은 농작물 상황이 우수하고 금융 시스템이 건전하며 경기가 호황이라고 말할 것이다. 그러나 이 모든 진술이 그에게 그리 인상적이지 않을 것이다. 그는 모든 주식을 이미 판 상태이고, 그의 돈은 은행에 예치되어 있을 것이다(그는 다양한 업종에 걸쳐 공매도를 했지만, 당신에게 그 사실을 말하지는 않을 것이다). 그는 대중이 '제정신'이 아닐 때 주식을 다시 살 것이다.

그 옆에 있는 사람은 당신에게 이렇게 주장할 것이다. "현재 작황 풍년이 예상되므로 주가는 하락할 리가 없어요. 작황은 전반적으로 좋습니다. 경작지에서 수십억 달러의 농산물이 생산되고 있고, 상거래를 통해 그 돈이 유통되고 있어요. 사람들은 언젠가 틀림없이 번영기를 누릴 겁니다."

당신은 좌파 급진주의, 적대적인 입법, 높은 생활비 등을 거론할 것이다. 그러나 그가 제시하는 새로운 부와 비교해 볼 때, 당신이 말하는 것은 그에게 상대적으로 중요하지 않을 것이다. 물론 그는 주식을 매수했을 것이다.

소크라테스는 "상황이 악화될수록 더 좋은 추론이 대두된다"라고 말한 바 있다. 그러나 월스트리트에서는 거래자가 소크라테스의 논평을 받아들일 정도로 시장 상황이 나빠질 리 없다. 소크라테스의 사고방식은 일반적인 투자자가 재미있는 결과를 만들어내는 데 적용할 수 있다.

다른 사람들이 당신에게 동의한다는 것을 시장에서 확인할 수 없다면 "이 상황에서 가장 중요한 요인은 이것이다"라는 말을 믿지 말라. 당신은 자신의 고유한 정신을 명확히 볼 수는 없지만, 모든 인간은 본인만의 고유한 정신을 가지고 있다. 아마 당신 역시 그러할 것이다. 그러나 주식시장은 많은 사람들의 정신과 사고가 집합하는 곳이며, 상상 가능한 모든 특성이 존재할 수 있는 곳이다. 하지만 시장에서는 중요하고도 단순한 일부 요인만 당신에게 호소한다. 따라서 모든 특성과 상황을 고려하지 않고서는 주가의 움직임을 이해할 수 없다.

자신만의 견해를 갖게 되는 것을 과장되게 상징하는 것으로는 '직감'을 들 수 있다. 직감이란 갑작스럽게 분출하는 강력한 본능의 일종으로서, 거래자로 하여금 어떤 근거도 없이 본능을 따르도록 하는 힘을 가지고 있다. 많은 경우에 직감은 강력한 충동에 불과하다.

거의 모든 투자자는 이따금 이렇게 말할 것이다. "나는 이것을 해서는 안 된다는 느낌이 들어." 또는 "어쩐지 그런 일은 하기 싫어." 자신이 반감을 가지는 근거를 명백히 설명하지 않고 이런 식으로 말하는 것이다. 마찬가지로 반평생 동안 주식시장을 지켜본 직감의 소유자라면 그 시간이 무가치하지 않을 수도 있다. 이런 경우는 시장의 소소한 조짐들이 그에게 확실히 축적되었다는 것을 의미하는데, 이러한 조짐들은 너무 사소하거나 애매해서 거래자 자신의 사고체계 내에서도 명확하게 정리되거나 검토될 수 없다.

노련한 거래자는 '직감'이라는 단어를 쓸 자격이 있다고 할 수 있다. 하지만 초보자 또는 전문적인 식견이 부족한 사람이 직감에 대해 이야기하는 것은 자신을 희한한 바보로 만들 뿐이다.

성공적인 거래자는 점차 자신의 심리적 특성을 연구하는 방법을 배우게 되며, 습관적인 판단 실수에 대해서도 인정하는 법을 어느 정도 터득하게 된다. 그는 자신이 너무 섣불리 결론에 도달한다는 것을 간파하면, 기다리는 법과 깊이 숙고하는 법을 터득할 것이다. 또한 어떤 결정을 내렸더라도 결정을 철회할 수 있는 결단력이 생기거나 때가 될 때까지 결정을 실행하지 않고 자금을 비축해 둘 수 있는 여유가 생길 것이다. 그는 가장 확실한 순간에도 자신의 자산 중 일부만 투자할 것이며 나머지는 비축해 둘 것이다.

만일 그가 자신이 대체로 지나치게 소심하다는 것을 파악한다면 조금 더 과감해져야 한다는 것을 배우게 될 것이며, 그의 마음 한복판에 여전히 감추어진 소심한 부분이 있더라도 자금 일부를 매수에 투입해야 한다는 사실을 터득할 것이다.

필자가 권할 수 있는 실용적인 제안은 필연적으로 다소 소극적인 특징을 띠고 있다. 지금까지 우리는 적극적인 매매를 꾀하는 일련의 과정보다 훨씬 성공적인 것은 실수를 피하는 것임을 알 수 있었다.

다음에 요약한 원칙은 왕성한 거래자에게 유용한 정보가 될 수 있을 것이다.

(1) 당신의 주요 목적은 정신을 맑게 유지하고 치우침 없는 균형을 유지하는 것이어야 한다. 그러므로 명백히 놀랄 만

한 정보에 대해서도 성급하게 처신하지 말아야 한다. 거래 규모를 우려스러울 정도로 과도하게 키우지 말라. 그리고 당신이 시장에서 취한 포지션에 당신 스스로 영향을 받지 않도록 하라.

(2) 당신의 판단에 따라 행동하라. 그렇지 않으면 당신의 견해가 있음에도 불구하고 다른 사람의 판단에 전적으로 휘둘릴 수밖에 없다. "요리사가 너무 많으면 국을 망치기 마련이다."

(3) 불확실하다면 시장에서 거래하지 말라. 시장에서 돈을 잃는 것보다는 매매를 미루는 것이 비용이 덜 든다.

(4) 시장 심리의 흐름을 파악하려고 노력하라. 시장의 심리적 흐름이 설령 일시적으로나마 시장 펀더멘털에 반할지라도 시장 흐름에 맞서는 것은 무익한 일이다.

(5) 왕성하게 활동하는 거래자 100명 중 99명이 지닌 가장 중요한 결함은 강세장에서는 고가로 거래하고 약세장에서는 저가로 거래한다는 것이다. 따라서 당신이 판단하기에 시장이 적정한 최고점을 넘어간다면 시장을 따라가는 것은 거부해야 한다. 아무리 대박이 터질 것처럼 보일지라도 그런 상황이 정지되면 돈을 잃을 것이므로 과욕을 부려서는 안 된다.

필자는 이 책의 설명과 제안이 독자들로 하여금 불필요한 위험을 감수하지 않도록 하는 데, 투자와 투기적 시장 상황에서 건전한 분석 원칙을 세우는 데 다소나마 도움이 되길 희망한다.

지은이 **조지 C. 셀든(George C. Selden)**

20세기 초엽 미국 월스트리트에서 활약한 전설적인 투자분석가이자 저술가이다. 1870년 미국 뉴햄프셔주 콩코드에서 태어났으며, 투자와 비즈니스에 관련된 경제적 요인의 효과를 철저하고 예리하게 분석해 국제적 명성을 누렸으나 행방불명되었다. 저자는 유서조차 남기지 않고 갑자기 사라졌지만 그의 예리한 통찰력은 오늘날에도 빛을 발하고 있다.

저서로는 『하노버 대학 스케치(Dartmouth sketches)』(1893), 『인간의 심리적 충동이 재앙적 투기를 초래한다(Human Impulses Lead to Speculative Disasters)』(1912), 『이익을 위한 투자(Investing for profit)』(1917), 『월스트리트의 메커니즘(The machinery of Wall street)』(1917), 『가격의 세기(A Century of Prices)』(1919, 공저), 『채권매입의 기초지식(The ABC of bond buying)』(1919), 『주식투자와 매매를 위한 과학적 방안(Scientific methods of investing and trading in stocks)』(1921), 『단순해진 주식시장(The stock market simplified)』(1922) 등이 있으며, 다수의 글을 경제 관련 매체에 기고했다.

옮긴이 **백승대**

1972년 서울에서 태어났다. 1999년 숭실대학교 정치외교학과를 졸업했다. 저서로는 『수상』, 역서로는 『주주세상』, 『민주주의에 대한 증오』, 『여론과 믿음』, 『현대의 불안』이 있다.

주식시장의 심리학(수정판)
성공하는 투자자의 심리에 대한 고찰

지은이 조지 C. 셸든
옮긴이 백승대
펴낸이 김종수
펴낸곳 한울엠플러스(주)
편집 신순남

초판 1쇄 발행 2007년 9월 20일
수정판 1쇄 인쇄 2021년 6월 24일
수정판 1쇄 발행 2021년 7월 5일

주소 10881 경기도 파주시 광인사길 153 한울시소빌딩 3층
전화 031-955-0655
팩스 031-955-0656
홈페이지 www.hanulmplus.kr
등록번호 제406-2015-000143호

Printed in Korea.
ISBN 978-89-460-8094-2 03320(양장)
      978-89-460-8095-9 03320(무선)